Lubec
Flensburg
Crivitz
New Holstein
Schleswig
Township
Kiel
Reinbeck
Walcott
Davenport
Manning
Marne
Francesville
New York
Indian Grove
Dutzow
olstein
Kiel
Mecklenburg
County
JSA mit
vig-holsteinischen
nburgischen
Verbindungen

Unseren Freunden und Förderern

PROVINZIAL

Provinzial Nord Brandkasse

Provinzial NordWest Lebensversicherung

PRODUCTS WILL PAY FOR LAND AND IMPROVEMENTS!
MILLIONS OF ACRES
View on the Big Blue, between Camden and Crete, representing Valley and Rolling Prairie Land in Nebraska.
IOWA AND NEBRASKA
LANDS
FOR SALE ON 10 YEARS CREDIT
BY THE
Burlington & Missouri River R. R. Co.
AT 6 PER CT. INTEREST AND LOW PRICES.
Only One-Seventh of Principal Due Annually, beginning Four Years after purchase.
20 PER CENT. DEDUCTED FROM 10 YEARS PRICE, FOR CASH.
LAND EXPLORING TICKETS SOLD
and Cost allowed in First Interest paid, on Land bought in 30 days from date of ticket.
Thus our Land Buyers GET A FREE PASS in the State where the Land bought is located.
These TERMS are BETTER at $5, than to pre-empt United States Land at $2.50 per Acre.
EXTRAORDINARY INDUCEMENTS on FREIGHT and PASSAGE are AFFORDED TO PURCHASERS and THEIR FAMILIES.
Address GEO. S. HARRIS, LAND COMMISSIONER,
or T. H. LEAVITT. Ass't Land Comm'r, Burlington, Iowa.
Or apply to
FREE ROOMS for buyers to board themselves are provided at Burlington and Lincoln.
CIRCULARS are supplied GRATIS for distribution in ORGANIZING COLONIES and to induce individuals to emigrate WEST.
A SECTIONAL MAP, showing exact location of our IOWA LANDS is sold for 30 Cents, and of NEBRASKA LANDS for 30 Cents.

Gerd Stolz

Neues Land – neue Hoffnung

Norddeutsche Amerika-Auswanderer im 19. und 20. Jahrhundert

BOYENS

KLEINE SCHLESWIG-HOLSTEIN-BÜCHER · BAND 60

Herausgegeben von der
Provinzial Nord Versicherungsgruppe, Kiel

Wissenschaftlicher Betreuer: Prof. Dr. Dieter Lohmeier

Mit freundlicher Unterstützung
der BallinStadt – Das Auswanderermuseum, Hamburg

Umschlag vorne unter Verwendung eines Posters der BallinStadt GmbH, Hamburg

Vorderer Vorsatz: Karte der USA mit Orten schleswig-holsteinischer oder mecklenburgischer Namen oder Verbindungen. Entwurf: Gerd Stolz, Kiel

Hinterer Vorsatz: Das Gebiet des Louisiana-Vertrages (grün) in der Größe von 2.144.476 km^2, das die USA im Jahre 1803 von Frankreich für 15 Millionen US-Dollar (80 Millionen französische Francs) erwarben. Das damals gekaufte Land macht mehr als ein Viertel der heutigen USA aus und verdoppelte seinerzeit das Territorium der USA.

Frontispiz: Plakat der Burlington & Missouri River Railroad Company von 1872 für „Millionen Acres" Land in Iowa und Nebraska zum Verkauf bei zehnjährigem Kredit. Im oberen Teil des Plakates ein Bild der Prärie zwischen Camden und Crete in Nebraska.

„Mein Dank gilt den vielen Freunden in Schleswig-Holstein, Mecklenburg und in den USA, die mir in großzügiger Weise Bildmaterial und Dokumente aus ihrem Privatbesitz überlassen haben, sowie den Organisationen, Büchereien, Bibliotheken, Museen und Archiven, die mir weiteres Quellengut zugänglich machten, wertvolle Hinweise und Ratschläge gaben."

Gerd Stolz

BOYENS
BUCHVERLAG

ISBN 978-3-8042-1288-6

© 2009 by Boyens Medien GmbH & Co. KG, Heide
Alle Rechte vorbehalten

Herstellung: Boyens Buchverlag
Druck: Boyens Offset, Heide
Printed in Germany

INHALT

Traugott Bromme's

Hand- und Reisebuch

für

Auswanderer und Reisende

nach

Nord-, Mittel- und Süd-Amerika

(den gesammten Vereinigten Staaten, Texas, Canada, Brasilien, Mejiko u. s. w.).

Das Kapitol zu Washington.

Achte, sehr vermehrte und verbesserte Auflage

von

Gustav Struve.

Mit einem Rathgeber in Amerikanischen Rechtsangelegenheiten und einer Spezial-Karte der Vereinigten Staaten von Nord-Amerika in Stahlstich.

Bamberg, 1866.

Verlag der Buchner'schen Buchhandlung.

(New-York bei B. Westermann u. Co. 440. Broadway.)

Abb. 1 „Traugott Bromme's Hand- und Reisebuch für Auswanderer und Reisende nach Nord-, Mittel- und Südamerika", 8. Auflage von Gustav Struve, Bamberg 1866. Das Buch zeigt als Titelbild das im Bau befindliche Capitol in Washington D.C.

Auswanderung – Begriff und Bestimmung

Auswanderung ist auch heute ein viel diskutiertes Thema, denn noch nie seit Gründung der Bundesrepublik Deutschland haben so viele Deutsche ihr Land verlassen wie in den letzten Jahren. Im Jahre 2006 wanderten 155.000 Deutsche aus, im Jahre 2007 waren es 165.000. Eines der Hauptzielländer waren weiterhin die USA.

Das Thema Auswanderung bestimmte in den letzten Jahren immer wieder die öffentliche Diskussion, der Gedanke der Ortsveränderung beeinflusste das Alltagsleben vieler tausend Menschen. Zwar hatte es auch schon im 17. und 18. Jahrhundert eine Auswanderung nach Nordamerika gegeben, doch erst seit der Mitte des 19. Jahrhunderts erreichte sie eine bis dahin nie gekannte Größenordnung. Die Amerika-Auswanderung im 19. und 20. Jahrhundert veränderte das Leben in Deutschland, in Europa und den USA.

Auf der kleinen Insel Ellis Island unmittelbar vor dem Hafen von New York betrat man vor 100 Jahrennach erfolgreichem Einwanderungstest amerikanischen Boden. Alle Reisenden wurden hier kontrolliert, wenn sie von Auswanderern zu Einwanderern wurden. Dem Inspektor auf Ellis Island blieben allerdings höchstens zwei bis drei Minuten Zeit zu entscheiden, ob der Einwanderer in die Vereinigten Staaten von Amerika einreisen durfte oder nicht. Rund 30 Fragen musste der Einwanderer zuvor beantworten:

- Wie heißen Sie?
- Woher kommen Sie?
- Warum kommen Sie in die Vereinigten Staaten von Amerika?
- Wie viel Geld haben Sie?
- Wer hat die Überfahrt bezahlt?
- Haben Sie hier Familie, Verwandte oder Freunde?
- Gibt es jemanden, der für Sie bürgen kann?
- Welchen Beruf haben Sie?
- Sind Sie Anarchist?

... und so weiter, und so weiter.

Antwortete der Neuankömmling zur Zufriedenheit des Inspektors, stempelte er das Visum in den Pass, hieß ihn willkommen „Welcome to America!“ und entließ ihn.

Gab es jedoch irgendein Problem, schrieb der Inspektor „S. I.“ (special inquiry = Sonderkontrolle) auf das Blatt. Der Neuankömmling musste nach einer Wartezeit vor eine Kommission, die ihn einem gründlichen Verhör unterzog und dann über Einreise oder Rückkehr entschied.

Im Inspektionssaal auf Ellis Island im Hafen von New York. Originalzeichnung von J. Scotti. (S. 272)

Abb. 2 New York, Ellis Island, Inspektionssaal. Zeichnung von J. Scotti. In: Illustrierte Chronik der Zeit, 1897

Viele Inspektoren konnten mit dem Klang und der Schreibweise der Namen aus Mitteleuropa wenig anfangen, viele Einwanderer wünschten auch einen mehr amerikanisch klingenden Namen, und so sind Namensänderungen keine Seltenheit. Es gibt zwar viele Geschichten über Namensänderungen in Amerika, doch die norddeutschen Einwanderer waren davon wenig betroffen. Ihre Namen haben bis heute weitgehend Bestand.

Wer heute über Friedhöfe der kleinen Städte und Gemeinden in den USA geht, die Telefonbücher aufschlägt, findet sie, die norddeutschen Namen – die Andresen, Arp, Blödorn, Boldt, Boysen, Clasen, Evers, Feddersen, Götsch, Haake, Hansen, Jensen, Jürgensen, Ketelsen, Kröger, Kühl, Mester, Muhs, Nagel, Peters, Prehn, Reimer, Rohde, Sass, Schlapkohl, Schröder, Sievers, Sindt, Stoltenberg, Teut, Tiede, Timm, Zimmermann ... – die Liste ließe sich vielfach verlängern. Sie waren Auswanderer aus Norddeutschland, aus Schleswig-Holstein, aus Mecklenburg. Ihre Nachkommen sind das vielfältige, reiche und wirksame Erbe eines über mehrere Jahrzehnte andauernden Exodus.

Es waren Menschen, die die Last der Auswanderung trugen, und jeder Mensch war zugleich nur ein kleines Steinchen im großen bunten Mosaik. Die Vereinigten Staaten von Amerika sind eine Nation der Einwanderer. Von den heute 290 Millionen in den USA lebenden Menschen bezeichnen sich 60 Millionen = 22 % als deutschstämmig, d. h. ihre Eltern, Großeltern, Urgroßeltern oder Vorfahren wanderten einst nach Nordamerika aus. Die Massenauswanderung aus Deutschland nach Amerika, die zwischen 1830 und 1900 ihre auch später nicht mehr erreichten Höhepunkte hatte, ist ein historisches Schauspiel gewesen, dessen Gründen, Ursachen und Wirkungen man in Deutschland erst in jüngster Zeit nachzugehen begann.

Auswanderung war mehr als eine Ortsveränderung. Auswanderung bedeutete nicht allein die Verlagerung des Lebensmittelpunktes des einzelnen Menschen oder seiner Familie, sie war eine Lösung von sämtlichen Bindungen in der Heimat, das endgültige Verlassen einer vertrauten Umgebung mit den Verwandten und Freunden. Auswandern bedeutete den Verlust der alten angestammten Heimat, unabhängig davon, wie gut, schlecht oder bedrängend die Arbeits- oder Lebensverhältnisse dort waren.

Die überseeische Auswanderung von Millionen Deutschen im 19. und 20. Jahrhundert war ein Massenexodus, der viele, teilweise bis heute unbeantwortete Fragen zur Bevölkerungsverschiebung, zur Bedeutung für die alte und neue Heimat in politischer, sozialer und kultureller Hinsicht beinhaltet. Die Auswanderung ist ein vielschichtiger Prozess, kein einheitlicher Komplex. Gleich einem Mosaik setzt sie sich aus vielen bunten Teilstücken zusammen und ergibt nur im größeren Zusammenhang ein erkennbares Bild.

Auswandern war meist der Entschluss eines einzelnen Menschen oder einer Familie, selten waren es größere Gruppen, die sich gemeinsam für diesen Weg ihres künftigen Lebens entschieden. Nicht jeder, der sich mit dem Gedanken auszuwandern befasste, hat auch seine Heimat verlassen, und nicht jeder, der den Entschluss gefasst hatte, führte ihn dann auch aus.

Von dem Sog der Auswanderung wurde 1880 auch die Schneidermeister-Tochter Louisa Christina Hansen(-Rollfing) in Wyk auf Föhr erfasst. In ihren Lebenserinnerungen schreibt sie über ihre damaligen Empfindungen als 20-Jährige:

> „Dann kam der Tag, an dem ich die Heimat verlassen mußte. Die Nacht davor schlief ich keine Stunde. Auf einmal wurde mir klar, was es heißt, alle zu verlassen, die mir lieb und teuer waren. Wenn ich nicht gewußt hätte, daß am Ende meiner Reise meine Verwandten in Lake Charles auf mich warteten, all mein Mut wäre dahin gewesen. Am nächsten Morgen kam der Abschied. Ich kann nicht vergessen, wie Mutter am Fenster stand, die großen blauen Augen voller Tränen, tapfer lächelnd …"

Auswanderung ist immer ein Schritt ins Ungewisse und öffnet zugleich den Blick auf etwas Neues, das mit vielen Erwartungen, Hoffnungen und Sehnsüchten verbunden ist. Die Auswanderer hatten in ihrem Gepäck Tat-

Abb. 3a/b Neuruppiner Bilderbogen „Auswand'rers Leid in Amerika – Auswand'rers Freud' in Amerika“ von Oehmigke & Riemschneider, um 1838. In der frühen Zeit der Amerika-Auswanderung sollten die Abbildungen dem Betrachter zeigen, dass in Amerika sowohl ein gutes Fortkommen als auch ein Scheitern möglich war.

kraft und Zuversicht, Anspruchslosigkeit und Unternehmergeist. Die Einwanderer brachten Wagemut, Fleiß, Ausdauer, Geschick und den Sinn für das Praktische mit. Außer Können und Wissen war auch etwas Glück entscheidend für den Erfolg in dem neuen Land, und vielfach zeigten die Einwanderer ungeahnte Fähigkeiten als Farmer, Handwerker, Journalisten, Unternehmer oder Geschäftsleute, im Hotel- und Gaststättengewerbe. Die Neuankömmlinge waren häufig bisher unbekannten Gefahren ausgesetzt, sie durften weder Mühen noch Probleme scheuen, sich nicht von Missgeschicken zurückwerfen lassen.

Die Auswanderer waren ein verlorengegangener Bestandteil ihrer deutschen Nation. In messbaren Größen oder Einheiten nicht zu fassen ist der kulturelle, geistige, intellektuelle Verlust durch die Auswanderer für die alte Heimat, er wurde zugleich zu einem unschätzbaren Gewinn für den neuen amerikanischen Heimatstaat. „Das Volk. Eine demokratische Zeitung“ schreibt in ihrer Ausgabe vom 2. Januar 1880: „Die Auswanderung war stets aus der germanischen Welt am stärksten, noch nie aber so stark wie in unserem Jahrhundert und ganz besonders in gegenwärthiger Zeit ... Unsere gegenwärthige Auswanderung nimmt vielmehr der Nation ihren Kraftkern, einen großen Theil ihres geistigen und physischen Vermögens." In Deutschland erfasste man den Exodus allenfalls statistisch, zahlenmäßig, machte sich aber über Ursachen oder gar Wirkung wenig Gedanken.

Für den Auswanderer war ein besseres Leben als bisher am Ende des Weges die Erfüllung. Amerika war für die Auswanderer der Inbegriff für nahezu unbegrenzte persönliche Freiheit, für unbegrenzte Möglichkeiten. Wenn die meisten Auswanderer sich vor ihrer Ankunft von dem neuen Land auch kein rechtes Bild machen konnten, so hatten sie davon doch durch Bücher, Ratgeber, Auswanderungsagenten, Berichte und Briefe von Freunden und Verwandten erfahren. Amerika wirkte wie ein großer Magnet, dort konnte man Besitz erwerben, das Land urbar machen, mit eigener Kraft und eigenem Kapital eine Farm erschaffen, auf eigenem Grund und Boden leben. In Amerika galten gleiche Rechte, ein jeder hatte gleiche Chancen, denn die gesellschaftlichen Schranken der alten Heimat gab es dort nicht. Amerika war das Traumbild einer lockenden Fremde.

Welche Gestalt Amerika in der Vorstellung des einzelnen Menschen angenommen hatte, ist heute kaum noch zu ergründen. Die meisten Auswanderer dürften zwischen Angst und Abenteuerlust, Zukunftshoffnung und Abschiedsschmerz hin und her gerissen worden sein.

In der „Ermahnung an Einwanderer" seines in deutscher und englischer Sprache im Jahre 1851 in Boston, New York und Philadelphia erschienenen Buches „Der Deutsche in Amerika oder Rath und Belehrung für deutsche Einwanderer in den Vereinigten Staaten von Amerika" schrieb der deutsche Pfarrer F. W. Bogen:

„Wie verschieden auch die Ursachen und Gründe beschaffen sind, welche Deutsche bestimmen, aus ihrem Vaterland auszuwandern und nach Amerika herüberzukommen: in dem *einen* Wunsche stimmen sie Alle überein, hier frei und glücklich zu leben. Und in der That, vielleicht kein Land in der Welt bietet für den Deutschen aller Stände und Lebensverhältnisse so mannigfache Gelegenheit dar, als die *Vereinigten Staaten von Amerika*. Ein großer Segen empfängt jeden deutschen Einwanderer, sobald er die Küste dieses Landes betritt: er kommt in ein freies Land; frei von dem Druck des Despotismus, frei von Privilegien und Monopolen, frei von der Last unerschwinglicher Steuern und Abgaben, frei von Glaubens- und Gewissenszwang. Frei und ungehindert kann ein Jeder reisen, wohin er will und sich niederlassen, wo es ihm gefällt; kein Paß wird verlangt, keine Polizei mischt sich in seine Angelegenheiten und hemmt seine Bewegungen. Vor ihm liegt das große Land mit seinen unerschöpflichen Hilfsquellen: mit seinem fruchtbaren Boden, mit seinen ergiebigen Minen, mit seinem unermeßlichen Reichthum an Produkten, sowohl des Pflanzen- als des Thierreichs, welche er vorher zum Theil noch nie gesehen, mit seinen unzählichen Städten und Dörfern, worin Gewerbefleiß, Handel und Wohlstand blüht."

Auswanderung in die USA – Zahlen und Ausmaß

In den USA galt bis in das 20. Jahrhundert eine nahezu völlige Einwanderungs- und Niederlassungsfreiheit, außerdem eine großzügige freiheitliche Asylpolitik gegenüber politischen Flüchtlingen. Die USA standen als Asylland allen offen, es war eine ganz andere Haltung als die der europäischen Staaten. Grundsätzlich war in den USA jeder willkommen. Die parlamentarischen Gremien in den USA haben bis in das 20. Jahrhundert nie eine Frage der Flüchtlingspolitik diskutiert.

Im 19. Jahrhundert verzeichneten die USA durch die Auswanderung eine explosionsartige Bevölkerungszunahme

von	1800 =	5,236 Mio. Einwohner
über	1850 =	23,192 Mio. Einwohner
	1900 =	76,212 Mio. Einwohner
auf	1950 =	150,711 Mio. Einwohner.

Nach den Unterlagen des US Census Bureau wanderten in den Jahren 1820–1996 aus Europa (einschließlich Russland), Kanada und Mexiko insgesamt ca. 36,5 Millionen Menschen ein, davon 7,096 Millionen Menschen aus Deutschland – erheblich mehr als aus irgendeinem anderen Land der Erde. Die Deutschen siedelten überwiegend in den US-Bundesstaaten Illinois, Indiana, Iowa, Kansas, Maryland, Michigan, Minnesota, Missouri, Nebraska, North Dakota, Ohio, Pennsylvania, South Dakota und Wisconsin. Die deutschen Einwanderer gingen überwiegend in den Norden der USA, die südlichen Bundesstaaten waren für sie nicht so attraktiv.

Es sind jene Staaten überwiegend im Mittleren Westen der USA, die zum sog. German Belt (Deutscher Gürtel) zählen. Sie weisen eine Konzentration deutscher Einwanderer in bestimmten Städten und Regionen auf. Der Prozentsatz der deutschstämmigen Bevölkerung ist dort sehr hoch, in Wisconsin liegt er bei 53,8 %. Darüber hinaus gab es auch regionale Schwerpunkte in Kalifornien, Louisiana und Texas. Um die Wende des 19. zum 20. Jahrhundert waren Deutsche in allen Staaten der USA anzutreffen. Um 1900 waren ca. 40 % der landwirtschaftlichen Nutzfläche der USA im Besitz von Deutschamerikanern, hatten viele amerikanische Städte einen hohen Prozentsatz deutschstämmiger oder aus Deutschland eingewanderter Bewohner: Detroit 41 %, St. Louis 45 %, Cincinnati 54 %, Davenport (Iowa) 62 % und Milwaukee 70 %.

Im Jahre 1833 lebten in St. Louis 18 deutsche Familien, vier Jahre später hatte die Stadt bereits über 6.000 deutsche Einwanderer. Im Jahre 1880 erhielten in St. Louis ca. 20.000 Schüler öffentlicher Schulen ihren Unterricht ausschließlich in deutscher Sprache. In New York lebten um 1860 über 100.000 deutsche Einwanderer, gab es 20 Kirchen deutscher Gemeinden, 50 deutschsprachige Schulen, zehn deutsche Buchläden und zwei deutschspra-

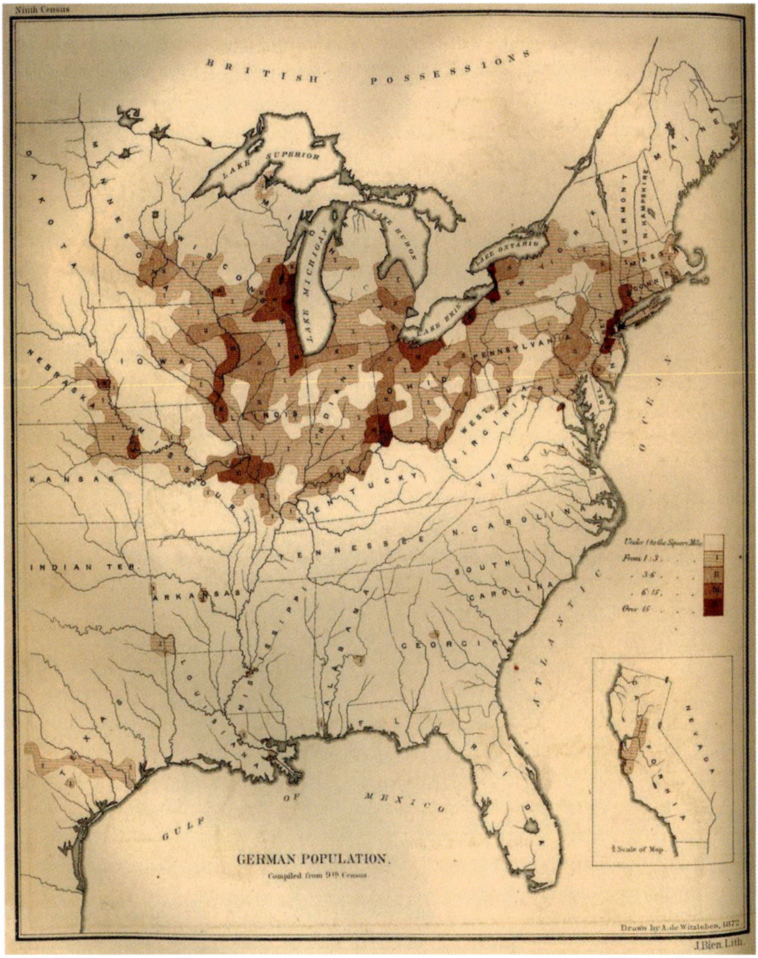

Abb. 4 Die deutschstämmige Bevölkerung in den USA im Jahre 1872 nach der Volks- und Wohngebäudezählung von 1870. Es war die erste Volkszählung nach dem Amerikanischen Bürgerkrieg mit Erhebung der „Gesamtbevölkerung“ d.h. ohne die früher gesondert aufzuführende Sklavenzahl.

chige Tageszeitungen. New York war um 1890 mit 210.000 in Deutschland geborenen Einwohnern nach Berlin, München, Hamburg und Köln die fünft-, Chicago mit 161.000 nach Frankfurt a. M. und Hannover die achtgrößte deutsche Stadt, Milwaukee wurde das „deutsche Athen" genannt.

Die starke Einwanderung brachte es auch mit sich, dass um 1890 in einer stark deutsch geprägten Stadt wie Louisville (Kentucky) 140 der 450 Restaurant- und Gaststättenbesitzer, 183 der 491 Schlachter, 210 der 392 Bäcker und 132 der 213 Brauer gebürtige Deutsche waren.

Die deutsche Einwanderung in die USA erfolgte seit Beginn des 17. Jahrhunderts in mehreren größeren Schüben und hatte ihren Höhepunkt in der zweiten Hälfte des 19. Jahrhunderts. Eine erste große Auswanderungswelle erfasste Deutschland in den 1850er Jahren, eine zweite Welle lag in den Jahren 1864 bis 1873, die stärkste Auswanderungswelle umfasst die Jahre zwischen 1880 und 1893. In dem Zeitraum von 1850 bis 1930 stieg die Zahl der in den USA lebenden, in anderen Ländern geborenen Einwohner von 2,2 Millionen auf 14,2 Millionen Menschen. Die Zahl der außerhalb der Staatsgrenzen geborenen Einwohner der USA betrug 1980 14,1 Millionen (= 6,2 %) und 1997 25,8 Millionen Menschen (= 9,7 %).

In die USA wanderten allein aus Deutschland von 1820 bis 1860 ca. 5,06 Millionen Menschen aus. In den Jahren 1840 bis 1849 kamen 385.434 Menschen aus Deutschland in die USA, von 1850 bis 1859 waren es 976.072 Personen aller Altersgruppen, von 1871 bis 1884 betrug die Zahl 1,251 Millionen Menschen und von 1900 bis 1914 waren es 336.220. Bis 1892 war die deutsche Auswanderung noch sehr hoch, doch dann begann sie allmählich geringer zu werden und kam mit dem Ersten Weltkrieg zum Erliegen.

Der kurzfristige Wiederanstieg der Amerika-Auswanderung in den 1920er Jahren hatte seine Ursachen in den Folgeerscheinungen des Ersten Weltkrieges mit Hunger, Not und Arbeitslosigkeit. Er ist mit dem Massenexodus im 19. Jahrhundert nicht zu vergleichen. Nach dem Zweiten Weltkrieg war den Deutschen zunächst die Auswanderung von den Alliierten verboten, sie setzte dann seit 1951 wieder ein; es waren überwiegend Flüchtlinge und Vertriebene.

Norddeutschland mit seinen überwiegend landwirtschaftlich ausgerichteten Territorien Schleswig-Holstein und Mecklenburg machte in Fragen der Amerika-Auswanderung hinsichtlich Ausmaß, Anlass und Wirkung keine Ausnahme, es hatte gemessen an seinen Bevölkerungszahlen erheblichen Anteil. Zwar war die Zahl der Auswanderer aus diesen Gebieten im 18. Jahrhundert und früher ganz gering, aber kleinere Bewegungen fanden statt.

Auch die Anfänge der Übersee-Auswanderung aus Schleswig-Holstein liegen im 18. Jahrhundert. Es waren häufig Seefahrer, die von fernen Ländern und neuen Möglichkeiten berichteten, sie waren ja dort gewesen, hatten die Länder – vielfach waren es nur die Hafenstädte – selbst gesehen. So wanderten im 18. und frühen 19. Jahrhundert zwar vereinzelt Personen, Fa-

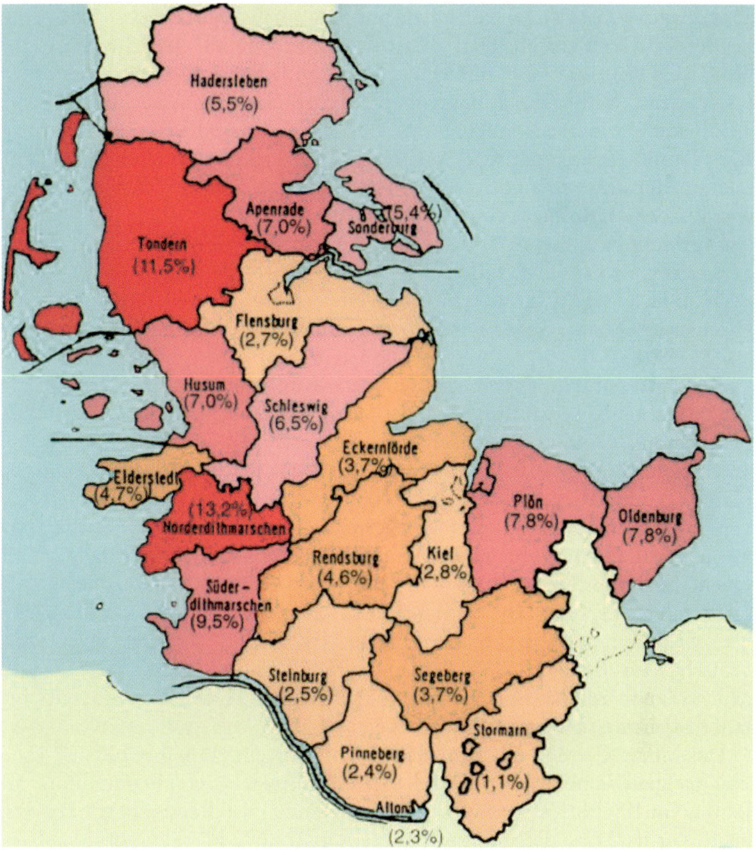

Abb. 5 Der prozentuale Anteil der 1867–1884 in den Statistiken des Regierungspräsidenten in Schleswig registrierten Auswanderer im Verhältnis zur Bevölkerungszahl der Kreise. Mit freundlicher Genehmigung von Dr. Paul-Heinz Pauseback, Husum

milien oder kleine Gruppen in die USA aus, doch begann die Emigration in großen Zahlen aus Schleswig-Holstein wie aus Mecklenburg erst um die Mitte des 19. Jahrhunderts.

Die erste größere Gruppe schleswig-holsteinischer Auswanderer waren 129 Personen aus der Probstei, die am 18. Mai 1847 den Hafen Hamburg auf der „Brarens" verließen und am 1. August 1847 in Davenport (Iowa) eintrafen. In jenem Jahr kamen insgesamt 400 Schleswig-Holsteiner in

Scott County (Iowa) an. Der Strom aus Schleswig-Holstein riss in den folgenden Jahren nicht ab. Das „Husumer Wochenblatt" berichtete am 16. Mai 1852: „Am stärksten hat in unserem Lande das Auswanderungsfieber bis dato in den norderdithmarsischen Kirchspielen Hennstedt, Büsum und Tellingstedt und in der Gegend des Meggerkooges und Bergenhusen grassiert. Aus erstgenannten Kirchspielen sind nämlich bereits über 16 Prozent und aus der letztgenannten ca. 10 Prozent der ganzen Bevölkerung ausgewandert."

Die Menschen verließen das Land in Gruppen oder einzeln. 1854 kam eine Gruppe von 60 bis 70 Personen aus dem Kirchspiel Hansühn (Ostholstein) in Davenport (Iowa) an, zwei Jahre später folgten ihnen aus dem Kirchspiel sechs ledige junge Männer, die in den USA nahe Verwandte hatten.

Haupthafen für schleswig-holsteinische Auswanderer war das unmittelbar benachbarte Hamburg. 1851 verließen Schleswig-Holstein allein über Hamburg 1.467 Menschen nach Übersee und 1852 waren es 2.722 Menschen, d. h. 10,07 bzw. 9,44 Prozent aller Auswanderer aus dem Hamburger Hafen.

Von 1871 bis 1914 wanderten 141.882 Schleswig-Holsteiner aus, davon 129.205 in die USA – über eine Achtelmillion Menschen verließen innerhalb von 40 Jahren ihr Heimatland.

Zwischen 1820 und 1890 verließen ca. 261.000 Personen aus Mecklenburg-Schwerin und -Strelitz ihre Heimat, davon 146.000 in den Jahren nach 1850. Der Großteil – ca. 93 % – wanderte in die USA aus. Mit 9.125 Personen erreichte der Massenexodus aus den beiden Mecklenburg bereits im Jahre 1854 einen Höhepunkt.

Das kleine Großherzogtum Mecklenburg-Strelitz (1880 = 100.269 Einwohner) hatte einen hohen Anteil an diesem Auswandererstrom; in den 50 Jahren von 1846–1893 verließen 15.878 Personen das Land, die nahezu alle nach Nordamerika gingen. Um 1900 lebten 224.692 Mecklenburger außerhalb ihres Geburtslandes, eine Anzahl, die einem Drittel der Gesamtbevölkerung der beiden Herzogtümer entsprach.

Von 1871 bis 1884 verließen 1.250.937 Menschen Deutschland in Richtung USA, davon kamen 46.788 Menschen aus Schleswig-Holstein, 28.665 aus Mecklenburg-Schwerin und 3.259 aus Mecklenburg-Strelitz. Schleswig-Holstein wies nach den preußischen Provinzen Pommern, Westpreußen und Posen die höchste Auswandererrate auf. Die höchsten Werte lagen 1881 und 1882 in Schleswig-Holstein mit 11.913 und 12.384 Personen, d. h. die Provinz verlor in einem Jahr jeweils 11,37 Prozent bzw. 11,82 Prozent ihrer Bevölkerung – jeder Zehnte verließ das Land. Im Jahre 1883 zählte Preußen 104.167 Auswanderer, davon 9.452 aus Schleswig-Holstein, 4.779 aus Mecklenburg-Schwerin und 639 aus Mecklenburg-Strelitz.

Fast 96 Prozent aller deutschen Auswanderer gingen in jenen Jahren in die USA. Der Frauenanteil an der Zahl der Auswanderer war sehr hoch, er

Abb. 6 Auswanderung aus der Provinz Schleswig-Holstein zwischen 1871 und 1939 nach den Meldungen der Hafenstädte Hamburg, Bremen, Stettin und Antwerpen. Nicht erfasst ist die Auswanderung über dänische Häfen. Mit freundlicher Genehmigung von Dr. Paul-Heinz Pauseback, Husum

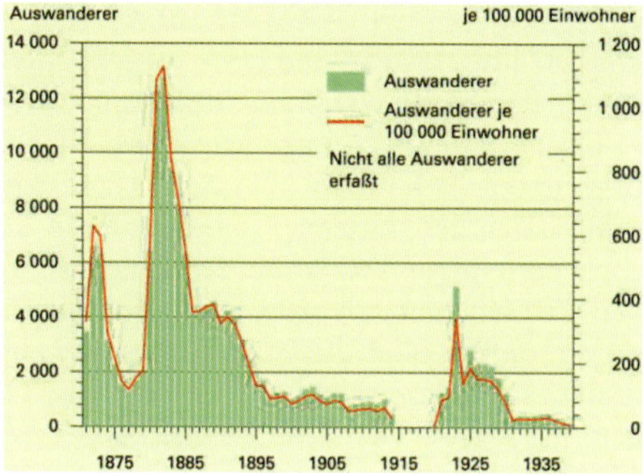

betrug durchschnittlich ca. 45 Prozent. Auf die Altersklasse 21 bis 50 Jahre aller Auswanderer aus Deutschland entfielen 37 Prozent, auf die Altersklasse 0 bis 14 Jahre 33 Prozent.

Bis 1892 war die gesamtdeutsche – wie auch die schleswig-holsteinische – Auswanderung sehr hoch, dann begann sie stetig zu sinken. Von 1900 bis 1914 wanderten aus dem Deutschen Reich nur noch 336.220 Personen in die USA aus, davon 13.619 aus Schleswig-Holstein.

Die Amerika-Auswanderung wurde durch den Ersten Weltkrieg unterbrochen und setzte erst ab 1922 wieder in größerem Maße ein. Sie erreichte 1923 für Schleswig-Holstein mit 4.333 Personen (3,51 Prozent der Gesamtbevölkerung) einen Höchststand, fiel in den Folgejahren sehr rasch ab und endete zunächst 1937 mit 187 Auswanderern. Zwischen den beiden Weltkriegen verließen 18.923 Personen die Provinz Schleswig-Holstein, gemessen an der Bevölkerungszahl von knapp über einer Millionen Menschen immer noch ein hoher Anteil.

Erst nach dem Zweiten Weltkrieg gab es wieder eine Auswanderung aus der Bundesrepublik Deutschland in die USA. In den Jahren 1950 bis 1980 wanderten ca. 855.000 Personen nach Nordamerika aus, davon 128.600 im Jahre 1950. Dann wurden es zunächst weniger – doch immer wieder bis in unsere Tage suchen Menschen, und seit mehreren Jahren in größerer Zahl, ein neues Lebensglück in anderen Ländern, in anderen Kulturkreisen.

Meist war es kein problemloser Eingliederungsprozess, den der Einzelne in den Jahren nach der Ankunft in Amerika durchlief. Nicht allen gelang die Integration in der Neuen Welt, manch einer scheiterte im fremden Land. Abweisung und Diskriminierung, Misserfolge und Fehlschläge in der erhofften wirtschaftlichen oder sozialen Eingliederung drängten zur Rückkehr, enttäuschte Hoffnungen einer politischen Wirksamkeit waren die Gründe einer Rückkehr, die meist keine Heimkehr mehr war. „Prominente" schleswig-holsteinische Rückwanderer aus den USA sind u. a. Theodor Olshausen (1802–1869), der von 1851 bis 1865 als Journalist und Zeitungsverleger in den USA tätig war, und Detlev von Liliencron (1844–1909), der von 1875 bis 1877 in den USA vergeblich sein Glück als Sprachlehrer, Klavierspieler, Stallmeister und Stubenmaler versuchte.

Es gab aber auch einige Menschen, die von vornherein nur einen zeitlich begrenzten Aufenthalt in Amerika und eine Rückkehr vorgesehen hatten, sobald sich der wirtschaftliche Erfolg in den USA eingestellt hatte. Wenn auch bei einigen Auswanderern, insbesondere von der Insel Föhr, häufig der Wunsch gehegt wurde, zumindest den Lebensabend in der alten Heimat zu verbringen oder die letzte Ruhestätte auf dem heimatlichen Kirchhof zu finden, so ist deren Zahl doch sehr gering. Die meisten dieser Rückwanderer hatten es in den USA zu bescheidenem Wohlstand gebracht und kehrten mit ihren Ersparnissen in die Heimat zurück. „Amerika ist kein Land zum Altwerden“, sagte noch eine Rückwanderin von Föhr in unseren Tagen.

Heimweh, die enge Verbundenheit mit der verlassenen Heimat oder den zurückgebliebenen Verwandten und Freunden sind bis heute für viele Deutschamerikaner ein Grund, als Besucher zurückzukommen – doch ist dieser Aufenthalt dann immer zeitlich begrenzt, und viele Dinge der ehemaligen Heimat sind ihnen manches Mal schon fremd geworden oder zumindest ungewohnt.

Abb. 7 Karikatur der Folgen der Auswanderung aus dem „Kladderadatsch“ vom 21. Mai 1854. Die Karikatur zeigt die Welt nach hundert Jahren, und zwar einerseits die entvölkerte, menschenleere östliche Halbkugel mit Europa und Deutschland, andererseits die überbevölkerte westliche Halbkugel mit Nord- und Südamerika. Die östliche Halbkugel liegt im Dunkel, die westliche im Sonnenlicht, und weitere Schiffe sind auf dem Ozean nach Amerika unterwegs.

Voraussetzungen und Gründe der Auswanderung

Bei den deutschen Auswanderungswellen im 19. Jahrhundert gab es zeitliche, regionale und örtliche Schwerpunkte auf Grund der in den deutschen Staaten unterschiedlichen innenpolitischen Verhältnisse. In jener Zeit verblasste das romantisierende Bild Amerikas als das der unbekannten Wildnis, es wandelte sich zu dem der unbegrenzten Möglichkeiten, der grenzenlosen Freiheit und der endlosen unentdeckten Weiten.

Während Europa zu Beginn des 19. Jahrhunderts in die Napoleonischen Kriege verwickelt war, erweiterten die USA ihr Staatsgebiet nach Westen. Territoriale Expansion und Bevölkerungsexplosion begleiteten einander. Das allgemein Far West genannte Gebiet war damals ein nahezu unerforschter Bereich, von dem niemand eine rechte Vorstellung hatte. Mit dem „Louisiana Purchase" vom 30. April 1803 kauften die USA für 15 Millionen US-Dollar das Gebiet der ehemaligen französischen Kolonie Louisiana, das westlich des Mississippi River lag. Ein Quadratkilometer kostete somit ca. sieben US-Dollar, ein Acre ca. vier US-Cents. Dieser Kauf war eine Entscheidung von ungeahnter Tragweite.

Das neu erworbene Gebiet umfasste die heutigen Staaten Louisiana, Arkansas, Iowa, Missouri, South Dakota, Nebraska, Kansas und Oklahoma sowie Teile von Minnesota, North Dakota, Texas, Montana, Wyoming, Colorado und New Mexico. Das Gebiet hatte eine Fläche von 2.144.476 km^2 – größer als die Fläche von Großbritannien, Frankreich, Deutschland, Spanien und Portugal zusammen – und war das größte Grundstücksgeschäft der Weltgeschichte. Mit dem Erwerb des Territoriums verdoppelte sich das Gebiet der USA, die damit die wichtige Hafenstadt New Orleans gewannen und den ungehinderten Schiffsverkehr auf dem Mississippi.

Mit der Londoner Konvention von 1818 und dem Oregon-Treaty von 1846 vereinbarten die USA mit Großbritannien auf dem amerikanischen Festland den 49. Breitengrad als gemeinsame Grenze, die heutige kanadisch-amerikanische Grenze. Alle offenen Grenzstreitigkeiten waren damit für die USA beigelegt und eine ungehinderte Erschließung des Westens nunmehr ermöglicht.

Im Jahre 1811 begann die Dampfschifffahrt auf dem Mississippi, so dass der Fluss jetzt nicht nur abwärts, sondern auch aufwärts befahren wurde. Das 1816 gebaute Dampfschiff „George Washington" wurde zum Prototyp der Mississippidampfer. Flussschifffahrt und Flusshandel nahmen schnell einen enormen Aufschwung. 1831 verkehrten bereits 348 Dampfschiffe auf dem Mississippi, 1840 waren es schon 1.000. New Orleans wurde der wichtigste Hafen im Süden der USA, seine Umschlagmenge wurde 1840 nur noch von New York übertroffen.

Zudem war 1825 nach achtjähriger Bauzeit der 363 Meilen (584 km) lange Erie-Kanal zwischen dem Hudson River und dem Erie-See bei Buffalo fertig gestellt worden, so dass New York nunmehr eine kurze, kostengünstige und leistungsfähige Wasserverbindung mit den Großen Seen besaß.

Diese neuen Möglichkeiten des Verkehrs, der Landnahme, der Besiedelung und des Handels brachten auch den Auswandererstrom von Deutschland in Bewegung. Die nach dem Wiener Kongress von 1815 in Deutschland einsetzende Reaktion mit Maßnahmen der Unterdrückung von Rede- und Pressefreiheit sowie die verstärkt aufkommenden sozialen Spannungen führten in immer stärkerem Maße dazu, dass aus dem Ventil der Auswanderung in die USA sehr bald ein reißender Strom wurde.

Die ersten Auswanderer aus Schleswig-Holstein nach Amerika verließen ihre Heimat bereits im 17. Jahrhundert. Die Gründe dafür waren wohl die Not und Armut nach der verheerenden Sturmflut von 1634 und die Wirren des 30-jährigen Krieges. Zwar gab es dann auch im 18. und 19. Jahrhundert einzelne Personen und kleinere Gruppen, die aus meist religiösen Gründen Deutschland verließen, doch nahm erst seit 1840 die Zahl jener zu, die aus wirtschaftlichen und sozialen, dann auch aus politischen Gründen auswanderten. Die im 19. Jahrhundert wachsende Zahl von Auswanderer-Ratgebern, Wegweisern, Reisehandbüchern, Sach- und Bildberichten über die USA, die zahlreichen Briefe von Verwandten, Freunden oder ehemaligen Nachbarn vermittelten den Menschen in Deutschland vielfältige Informationen, so dass man sich eine vage Vorstellung des fernen Landes und seiner Möglichkeiten machen konnte. In zahlreichen in Deutschland gedruckten und erschienenen Schriften wurde aus eigener Erfahrung über Amerika berichtet und den Auswanderungswilligen Ratschläge erteilt. James F. Coopers „Lederstrumpf" wurde bereits in den 1830er Jahren, also kurz nach seinem Erscheinen in den USA, ins Deutsche übersetzt. Zeitschriften wie „Daheim", „Die Gartenlaube" und „Über Land und Meer" prägten im 19. Jahrhundert die Vorstellungen vieler Deutscher über Amerika und den „Wilden Westen".

In Verbindung mit einem schnellen Bevölkerungswachstum breiteten sich in der ersten Hälfte des 19. Jahrhunderts Armut und Arbeitslosigkeit in Norddeutschland immer mehr aus. Schleswig-Holstein blieb von der tiefgreifenden wirtschaftlichen Krise Dänemarks nicht unberührt. Geringe Löhne und steigende Lebensmittelpreise vergrößerten die Sorge um das tägliche Brot, das nicht überall und nicht immer vorhanden war. Die Jahre 1845–47 waren in Schleswig-Holstein für viele Menschen Hungerjahre mit großer Arbeitslosigkeit. Durch die schlechte wirtschaftliche Lage wurden die Rücklagen aus besseren Zeiten allmählich aufgezehrt. Viele verließen daher das Land, noch bevor eine aktuelle Notlage eingetreten war.

Da man allgemein die Auswanderung nahezu ausschließlich unter dem Blickwinkel der Verelendung von Teilen der Bevölkerung sah, erkannte man nicht den mit der Auswanderung verbundenen Verlust der Finanzkraft. Die Auswanderung zog insgesamt erhebliche Kapitalien aus Deutschland ab, die dann in Nordamerika günstiger investiert wurden – von 1832 bis

1855 sollen aus Deutschland 200 Millionen Taler ausgeführt worden sein, um 1860 rechnete man mit einem Abfluss von jährlich 20 Millionen Talern. Nach dem Bericht der Commissioners of Emigration in New York vom 15. Dezember 1854 waren in den drei vorhergehenden Jahren von deutschen Einwanderern durchschnittlich elf Millionen Dollar jährlich eingeführt worden.

In Mecklenburg gab es außerdem kein Recht der freien Ansiedlung, und die politischen Rechte waren an Grund und Boden gebunden. Die Gutsbesitzer betrachteten die Auswanderung vielfach auch als eine gute Lösung, lästige oder überzählige Personen, zu deren Unterhalt sie verpflichtet waren, loszuwerden. Die Auswanderer aus Mecklenburg waren überwiegend Landarbeiter, Tagelöhner und Knechte mit ihren Familien, der Anteil der Ausgewanderten aus Handel und Gewerbe war gering.

Da immer mehr Menschen Mecklenburg ohne Genehmigung ihrer Heimatbehörde verließen, wurde 1857 durch großherzogliche Verordnung geregelt, dass zur Auswanderung ein Konsens beim Innenministerium eingeholt werden musste. Auswandernde Familienväter waren verpflichtet, ihre Ehefrauen, denen die Auswanderung ohne ihren Ehemann nicht gestattet wurde, und die minderjährigen Kinder mitzunehmen. Erst mit der Entlassungsurkunde des Innenministeriums konnte der Auswanderer bei einem mecklenburgischen konzessionierten Agenten den Überfahrtvertrag abschließen. Auswanderungsagenturen, die meist von Kaufleuten als Nebentätigkeit auf Honorarbasis betrieben wurden, gab es allerdings nur in den Städten und Flecken.

In erster Linie waren es die schwierigen wirtschaftlichen Verhältnisse, die Menschen zur Auswanderung veranlassten. In Schleswig-Holstein kamen seit Mitte des 19. Jahrhunderts die politischen Umwälzungen hinzu. Nach der gescheiterten Erhebung von 1848/51 verließen viele Schleswig-Holsteiner, die im Rahmen von Liberalismus und Demokratiebewegung für einen Anschluss der Herzogtümer an einen deutschen Staatsverband eingetreten waren, das Land; manche sahen sich auch zu diesem Schritt gezwungen, sie wichen den Repressalien der dänischen Sieger aus. Wie die meisten gescheiterten deutschen Revolutionäre der 48er Bewegung suchten sie in den USA eine neue Heimat.

Nach dem deutsch-dänischen Krieg von 1864 und der 1867 erfolgten Eingliederung Schleswig-Holsteins in das Königreich Preußen verließen viele Bewohner das Land, die mit den neuen Verhältnissen und Maßnahmen des preußischen Staates nicht einverstanden waren oder sich dem dreijährigen preußischen Militärdienst entziehen wollten. Wer das Land in preußischer Zeit auf Dauer verlassen wollte, musste die Entlassung aus dem Untertanenverband beantragen, die grundsätzlich auch – mit Ausnahme für Militärpflichtige – bewilligt wurde. Viele verließen das Land jedoch ohne dieses Verfahren nur mit einem Reisepass, andere wanderten – illegal – ganz ohne Papiere aus. So haben von den 229 zwischen 1846 und 1849 geborenen, von der Regierung in Schleswig im März 1872 gesuchten (männlichen) Personen 126 in den Fahndungsmeldungen den Hinweis „nach Amerika ausgewandert“; alle wurden „beschuldigt, nach dem 8. Dezember 1866 ohne Erlaubniß das Bundesgebiet verlassen und sich dadurch dem Dienst im stehenden Heer oder in der Flotte entzogen“ zu haben. In den amtlichen Statistiken jener Zeit wurden als Auswanderer in der Regel nur jene erfasst, die ihre Entlassung aus dem Untertanenverband erlangt hatten – die Zahl der Auswanderer ist daher größer, als die amtlichen Statistiken ausweisen, die von den preußischen Behörden erfasste Zahl geringer als die der Hafenstädte, die alle Reisenden registrierten – manch einer fuhr als Teil der Schiffsbesatzung mit und ging in Amerika „schwarz“ an Land. Grundsätzlich förderte der preußische Staat die Auswanderung nicht, er hinderte sie aber auch nicht.

Vielen Menschen genügte es auch nicht, allein ein geringes Auskommen in äußerst bescheidenen Verhältnissen zu haben – vielfach ohne Aussicht auf Erwerb von eigenem Grund und Boden. Sie wollten Grundeigentum erwerben und unabhängig sein. Der Entschluss auszuwandern lag dann auf der Hand. Das war gewiss auch für Nis Nissen aus Munkbrarup der Grund, der nach Iowa ausgewandert war und 1870 nach Hause schrieb, es sei sein Ziel gewesen, „nicht als Sklave für andere Leute zu arbeiten sein Leben lang, um das tägliche Brot zu verdienen; denn das konnte ich auch einsehen, daß wir mit unserem kleinen Vermögen nichts anfangen konnten, deswegen machte ich mich fort hier hin in das große Amerika, hier kann doch ein jeder mit noch so kleinem Vermögen selber was anfangen.“

Abb. 8 Werbeanzeige des Auswanderer-Agenten Clausen in Husum im Husumer Wochenblatt 1886. Mit freundlicher Genehmigung von Dr. Paul-Heinz Pauseback, Husum

Auswandererwerbung und Aufbruch

Aus kleinen Anfängen gelegentlicher Passagier-Mitnahme auf wochenlanger Überseefahrt entwickelte sich die Auswanderung im 19. Jahrhundert zu einem lukrativen Geschäft zu beiden Seiten des Atlantiks. Der Transport der Menschenmassen nach Übersee in seiner gesamten Abwicklung einschließlich Unterbringung und Verpflegung wurde ein gewinnbringendes, gut organisiertes Unternehmen, an dem viele kleine und große Geschäftsleute ihren Anteil hatten.

Auswanderer-Ratgeber und -Leitfäden beschrieben jedoch meist nicht die mit mannigfachen Risiken versehenen Überfahrten per Schiff, allenfalls zeigten sie die Gefahren in den Ankunftshäfen und für die Weiterreise in den USA auf. Selten brachten sie auch Hinweise auf Zustände und Möglichkeiten in den Abfahrtshäfen.

Mehrere US-Bundesstaaten betrieben eine offizielle Einwanderungswerbung. Schon um die 1830er Jahre gaben sie Handzettel und Broschüren, dann auch Plakate heraus, in denen sie günstigen Landerwerb, später gute Ernten und profitablen Absatz der landwirtschaftlichen Produkte in Aussicht stellten. Iowa gab 1870 durch sein Einwanderungsbüro eine 96 Seiten umfassende Broschüre „Iowa – die Heimat für Einwanderer" heraus; darin wurde u. a. damit geworben, dass es in Iowa noch unbearbeitetes Land für 360.000 Farmen gebe.

Einige US-Bundesstaaten sandten auch Agenten und Werber nach Deutschland, um Interessenten für die Auswanderung in ihr Gebiet zu gewinnen, so auch Nebraska, seit 1. März 1867 der 37. Staat der USA. Im August 1865 fuhr John Siemers, der zehn Jahre zuvor aus Hamburg nach Nebraska gekommen war, als Einwanderungsagent nach Deutschland. Seine Tätigkeit beschränkte sich jedoch auf die Beratung von Einwanderungsbüros und -gesellschaften, wo er Broschüren auslegen ließ. 1871 stellte Nebraska dann ein Einwanderungsprogramm auf und 15.000 US-Dollar für den zweijährigen Betrieb eines Einwanderungsbüros bereit. Zu einem der jetzt vier für Europa vorgesehenen Einwanderungsagenten wurde im März 1871 für Deutschland der 1818 in Rendsburg geborene Friedrich Hedde ernannt. Er war 1844 einer der Mitbegründer des Kieler Männer-Turnvereins gewesen und hatte 1854 Schleswig-Holstein aus politischen Gründen verlassen müssen. Von Juni 1871 bis Oktober 1872 unterhielt er eine Agentur in Hamburg, von wo aus er zahlreiche Kontakte zu den im Auswanderungsgeschäft tätigen Büros, Gesellschaften und Banken, zu Zeitungen und öffentlichen Lesesälen in Hamburg und Altona unterhielt. Er reiste zunächst in Schleswig-Holstein herum, besuchte Lehrer, Pastoren, Organisten und Gastwirte in den Dörfern, später auch in Braunschweig, Hannover, Hessen, Sachsen und Thüringen. Nach seiner Rückkehr in die USA im Jahre 1872 berichtete Hedde vor der Einwanderungsbehörde von Nebraska mehrfach

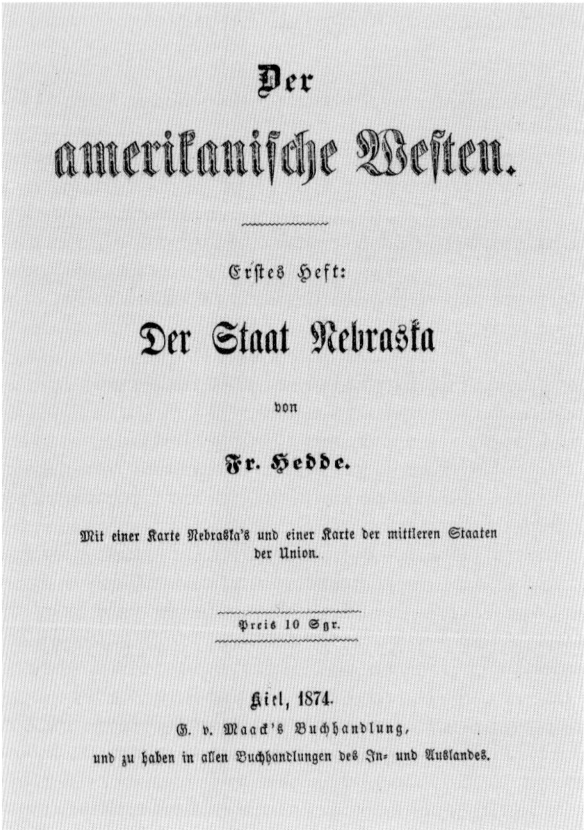
Der

amerikanische Westen.

Erstes Heft:

Der Staat Nebraska

von

Fr. Hedde.

Mit einer Karte Nebraska's und einer Karte der mittleren Staaten der Union.

Preis 10 Sgr.

Kiel, 1874.

G. v. Maack's Buchhandlung,

und zu haben in allen Buchhandlungen des In- und Auslandes.

Abb. 9 „Der amerikanische Westen – Erstes Heft: Der Staat Nebraska" von Friedrich (Fred) Hedde, Kiel 1874. Hedde war maßgeblich an der Gründung des Kieler Männer-Turnvereins von 1844 beteiligt und nahm aktiven Anteil an der schleswig-holsteinischen Erhebung von 1848/51. 1854 wanderte er in die USA aus, wo er sich zunächst in Davenport (Iowa) niederließ. Im Frühjahr 1857 schloss er sich einer Gruppe meist deutscher Siedler zur Gründung des späteren Grand Island im Platte River Valley im damaligen Territorium Nebraska an. 1871 wurde er von der Einwanderungsbehörde des 1867 gegründeten US-Bundesstaates Nebraska zum Einwanderungsagenten für Deutschland bestellt und unterhielt in dieser Eigenschaft von Juni 1871 bis Herbst 1872 ein Büro in Hamburg. Die von ihm über seine neue Heimat Nebraska herausgegebene Schrift wurde jedoch nie als offizielle Werbebroschüre eingesetzt.

über seine Erfahrungen. 1874 veröffentlichte er in Kiel die Broschüre „Der amerikanische Westen – Erstes Heft: Der Staat Nebraska", die jedoch nie als offizielles Werbemittel für Nebraska eingesetzt wurde.

„In Bezug auf mitzubringende Gegenstände präge ich hier nochmals die Bemerkung ein, daß man sich nicht mit zu viel Kisten belästigen soll; man kann hier oder wenigstens in den benachbarten Städten fast Alles haben", schrieb Carl de Haas in seinem 1848 erschienenen Ratgeber „Winke für Auswanderer".

Die Auswanderer trafen meist viele Tage vor Abfahrt des Schiffes im Hafen ein. Sie benötigten Unterkunft, Verpflegung und Reisezubehör. Daraus entwickelte sich bald ein florierender Geschäftszweig, den auch Betrüger und Schlepper zu nutzen verstanden.

Verschiedene Faktoren zu Beginn der 1830er Jahre trugen dazu bei, dass der Großteil der Auswanderer zunächst Bremen mit dem 1825 gegründeten Bremerhaven als Einschiffungshafen wählte. Über Bremen und Bremerhaven wanderten 1854 76.875 Menschen aus, 1857 fuhren 22.954 Auswanderer nach New York, 10.181 nach New Orleans und 8.771 nach Baltimore.

In Bremen hatten Senat und Kaufmannschaft schon frühzeitig durch Werbung im Inland, durch Organisation und Überwachung des Auswanderertransportes diese Entwicklung geschäftlich zu nutzen verstanden. Bis in die Mitte der 1850er Jahre war der Personenverkehr für Bremen die Grundlage der Wirtschaft, neben dem Tabakhandel stellte er die ergiebigste Einnahmequelle der Bremer Kaufmannschaft dar. Um diese Einnahmequelle zu erhalten, unternahm Bremen große Anstrengungen u. a. mit einer fortschrittlichen Gesetzgebung. 1832 verabschiedete der Bremer Senat das erste staatliche Schutzgesetz für Auswanderer, das die Herbergen lizenzierte, die bis dahin übliche Selbstversorgung der Auswanderer verbot und die Schiffseigner bzw. Kapitäne zum Nachweis der Seetüchtigkeit ihrer Schiffe sowie zur Führung von Passagierlisten verpflichtete. 1842 übernahm Hamburg die Bremer Schutzvorschriften.

Außerdem gründeten die bremischen Reeder und Expedienten Anfang 1851 ein „Nachweisungsbureau für Auswanderer", wo sich Auswanderer Rat und Hilfestellung, Auskünfte über preiswerte Unterkünfte, den notwendigen Reisebedarf und vertrauensvolle Wechselstuben holen konnten.

Bereits 1849 war von dem Bremerhavener Spediteur Johann Georg Claussen an der Stelle der einst von den Schweden erbauten Festung Karlsburg das „Auswandererhaus" in Bremerhaven eingerichtet worden, das den Wartenden eine menschenwürdige Unterkunft zu einem günstigen Preis bot und wesentlich zum guten Ruf Bremens als Auswandererhafen beitrug. Im Jahre 1852 logierten 34.429 Menschen in dem „Auswandererhaus", das diesem Zweck bis 1870 diente. Heute sind Teile der alten Bausubstanz in den Neubau der 1985 eröffneten Hochschule Bremerhaven einbezogen.

Zwar war schon 1836 der Reeder Robert S. Sloman mit einem Liniendienst in die Auswandererpassage nach den USA eingestiegen, doch erreich-

Abb. 10 Das 1849 in Bremerhaven auf dem Gelände der historischen Karlsburg eröffnete Auswandererhaus. Die Unterkunft galt zu damaliger Zeit als eine hervorragende soziale Einrichtung. Ein Teil des alten Auswandererhauses wurde 1985 in den Neubau der Hochschule Bremerhaven einbezogen.

te das Auswanderergeschäft für den Schiffsverkehr von Bremen aus erst mit der Gründung des Norddeutschen Lloyd im Jahre 1857 größere Dimensionen. Die Aktionäre beabsichtigten die Aufnahme einer regelmäßigen Verbindung zwischen Bremen und USA, die 1858 nach New York eingerichtet wurde. In den 1860er und 1870er Jahren folgten weitere Linien nach Baltimore, New Orleans und Südamerika. Die Agentur Missler, die Auswanderer für den Norddeutschen Lloyd anwarb, vermittelte ihm allein zwischen 1885 bis 1923 ca. 1,8 Millionen Passagiere, was dem Unternehmen Einnahmen von 325 Millionen Mark einbrachte.

Für Bremen erwuchs eine große Konkurrenz im Auswanderergeschäft seit Mitte des 19. Jahrhunderts durch Hamburg, das mit seinem auf Großbritannien und Südamerika ausgerichteten Handel dem Auswanderergeschäft zunächst kaum Beachtung geschenkt hatte. Die Leipziger „Illustrirte Zeitung“ schrieb noch am 11. Januar 1851: „Hamburg, zu der Ueberzeugung gelangt, daß es früher seine Interessen verkannt, ist später darin gefolgt und hat sich die meisten bremischen Vorschriften angeeignet … während die bremische Flotte sich auf ungefähr 250 Schiffe mit einem Lastengehalte von ungefähr 46.000 Last beläuft … besitzt Hamburg 260 Schiffe mit einem Gehalte von ungefähr 36.000 Last, wovon nur der kleinere Theil die für Passagiere wünschenswerthe Größe hat.“

Abb. 11 In der 3. Klasse eines Hamburger Auswandererhotels, um 1900

Abb. 12 Auswanderer (Zwischendeckspassagiere) gehen in Hamburg an Bord eines Schiffes. Aus Harper's Weekly vom 7. Novenber 1874

Seit 1850 nahm das hamburgische Auswanderergeschäft einen Aufschwung, nachdem die dortigen Expedienten den Auswanderern eine bessere Ausrüstung für die Überfahrt beschafften, als es in Bremen zur gleichen Zeit noch üblich war. Um die Auswanderer vor Umtrieben und Betrügern zu schützen, eröffnete 1851 der „Verein zum Schutze der Auswanderer" in Hamburg ein Büro, 1887 ging die Auswandererfürsorge dann in staatliche Hand über. Am 27. Mai 1847 gründeten mehrere Hamburger Unternehmer die „Hamburg-Amerikanische Packetfahrt Actien-Gesellschaft" (HAPAG), die „die regelmäßige Verbindung Hamburgs mit Nordamerika mittels Segelschiffen unter Hamburger Flagge" bezweckte. Sie eröffnete 1848 mit drei Segelschiffen den Liniendienst zwischen Hamburg und New York, und am 1. Juni 1856 nahm die HAPAG den Amerikaverkehr mit zwei Dampfschiffen auf. Sie beförderten bis Jahresende 1856 bei acht Reisen 3.043 Fahrgäste. 1867 konnte die HAPAG bereits mit acht Dampfern wöchentliche Transatlantikfahrten anbieten. Bis 1914 entwickelte sich die HAPAG zur größten Schifffahrtslinie der Welt.

Der Aufstieg der HAPAG war im Wesentlichen das Werk des in Hamburg geborenen Albert Ballin (1857–1918). Seine Eltern waren aus Dänemark eingewandert und sein Vater hatte 1852 die Auswandereragentur „Morris & Co" gegründet, die um 1880 die erfolgreichste Hamburger Aus-

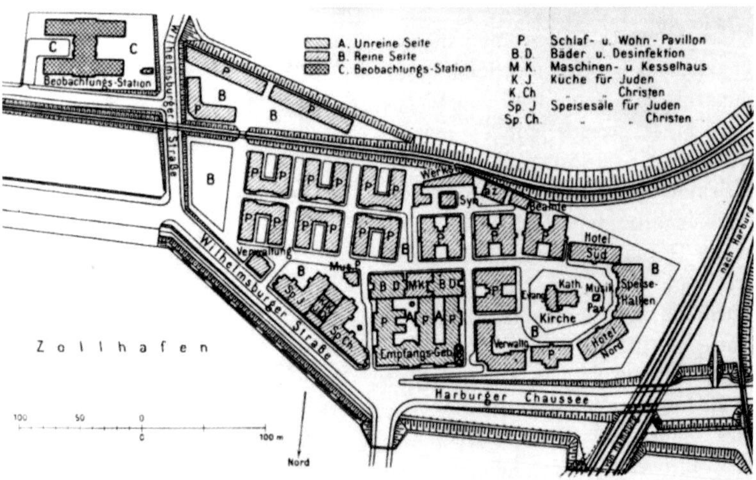

Abb. 13 Lageplan der Auswandererhallen der HAPAG in Hamburg-Veddel. Das südlich der Harburger Chaussee bebaute Areal umfasste 14 Gebäude, davon vier Schlaf- und Wohnpavillons in Form eines H; 1905 wurden acht zusätzliche Baracken mit je 120 Schlafplätzen errichtet.

wandereragentur war und 1881 die Passagevertretung der 1880 gegründeten Hamburger Carr-Linie übernommen hatte. Die Carr-Linie war ein sehr erfolgreiches Unternehmen und wurde schnell zu einer ernsthaften Konkurrenz für die HAPAG. Albert Ballin leitete seit 1879 nach dem Tode seines Vaters die Firma und wurde 1886, als die HAPAG dann die Carr-Linie aufkaufte, zum Leiter der Passageabteilung und 1899 zum Generaldirektor der HAPAG ernannt.

Der rasche Aufstieg Hamburgs zum größten deutschen Passagierhafen ist im Wesentlichen auf Ballins Tatkraft zurückzuführen. Im Jahre 1891 wurden in Hamburg 144.239 Auswanderer gezählt – erstmals mehr als in Bremen. Seit Mitte der 1890er Jahre wurde die Flotte der HAPAG im großen Maßstab ausgebaut. Sie bestand 1914 aus 175 Schiffen mit 1.038.645 BRT.

Doch die Auswandererherbergen in den engen Gassen des Hamburger Hafenviertels waren oft überbelegt – viele Reisende konnten sich nicht einmal eine Unterkunft in der Stadt leisten – und die hygienischen Verhältnisse für die Auswanderer lange Zeit äußerst mangelhaft, denn eine Kanalisation gab es nicht. Abwasser und menschliche Notdurft gelangten über die Fleete, aus denen die Menschen das Wasser für den täglichen Bedarf schöpften, in die Elbe. Der Ruf Hamburgs als Auswandererhafen litt unter diesen Missständen. Im heißen Sommer 1892 brach in Hamburg die Cholera aus. Ca. 10.000 Menschen starben innerhalb kurzer Zeit. Die acht im Juli 1892 mit 1.400 Plätzen errichteten, doch stets überfüllten Auswandererbaracken am Amerika-Kai, in denen alle Auswanderer mit Fahrscheinen der billigsten Zugklasse unterkommen mussten, wurden 1898 abgerissen.

Der Hamburger Senat stellte ein Ersatzgelände zur Verfügung. Auf einer Fläche von 55.000 m^2 auf der Veddel weitab vom Stadtzentrum ließ die HAPAG ab 1900 die „Auswandererhallen“ bauen, die seinerzeit als eine an Sauberkeit und Effektivität vorbildliche Sozialeinrichtung galten. Zu den ca. 30 Einzelbauten gehörten mehrere Schlaf- und Wohngebäude, Küchen und Speisehallen, Bäder, ein Musikpavillon, eine Kranken- und Quarantänestation, eine Kirche und eine Synagoge sowie Räume für ärztliche Untersuchungen. Bis zu 5.000 Menschen konnten hier aufgenommen werden. Aufenthalt, Unterkunft und Verpflegung waren im Preis der Passagiertickets enthalten. Die „Auswandererhallen“ waren von 1901 bis 1914 und von 1920 bis 1934 in Betrieb.

Im Jahre 1907 wanderten ca. 190.000 Personen über Hamburg aus, in den Jahren 1891 bis 1914 war Hamburg für annähernd 1,9 Millionen Menschen das „Tor zur Welt“.

In den norddeutschen Städten und Gemeinden gab es zahlreiche Makler und Auswandereragenten, die mit Werbeschriften, Zeitungsanzeigen und Plakatanschlägen für die Schifffahrtslinien tätig waren, Passagen vermittelten und auch Fahrkarten verkauften. So konnten schon frühzeitig die Kosten der Überfahrt kalkuliert werden.

Abb. 14 Eingangshalle der Auswandererhallen in Hamburg-Veddel, um 1905. Über dem Eingang (Hintergrund Mitte) stehen die Worte „Mein Feld ist die Welt“.

Die Überfahrt

Ein großes Risiko für die Auswanderer war die Seereise über den Atlantischen Ozean. Wind und Wetter, Unterkunft und Verpflegung an Bord, die seemännische Erfahrung und Tüchtigkeit der Schiffsbesatzung waren maßgebliche Faktoren für eine glückhafte Überfahrt. Niedrigwasser in Elbe oder Weser verhinderte eine zügige Abfahrt, waren die Flüsse gar zugefroren oder herrschte Eisgang, war die Schifffahrt eingestellt.

Ein Segelschiff benötigte für die Überfahrt nach New York, Baltimore oder einem anderen Hafen an der amerikanischen Ostküste zwischen sechs und zehn Wochen, bei ungünstigen Winden in Ausnahmefällen auch bis zu 15 Wochen. Mit dem Einsatz von Dampfschiffen und der fortschreitenden Entwicklung der Schiffstechnik verkürzte sich die Reisedauer auf drei bis fünf Wochen, später auf 14 bis 20 Tage.

Die meisten in der Passagierschifffahrt eingesetzten Segelschiffe waren zunächst zwei- oder dreimastige hölzerne Fahrzeuge, die je nach Größe bis zu 300 Personen befördern konnten. Wenn Plätze für „Cajütspassagiere" angeboten wurden, bedeutete es, dass es für ca. 20 Personen einige winzige Kabinen auf dem Hauptdeck gab, während für die übrigen Passagiere zwei bis drei Meter darunter ein Zwischendeck eingezogen war. Die Einrichtung bestand aus Holzverschlägen in zwei Abteilungen übereinander längs der Bordwand, zeitweise auch mittschiffs einer dritten Reihe. Jede dieser Kojen, die erst sehr spät durch Holzlatten unterteilt wurden, mussten sich vier bis sechs Personen teilen. Tische, Stühle oder Bänke gab es nicht. Belüftung und Beleuchtung erfolgten durch Seitenluken und die Aufgänge zum Oberdeck.

Auf den frühen Segelschiffen galt das Prinzip Selbstversorgung, und vielfach mangelte es an ausreichend Trinkwasser. Wurde durch Sturm oder Flaute die Reisezeit stark verlängert, verdarben Vorräte, und das Trinkwasser wurde knapp.

Die Verpflegung der Passagiere auf den späteren Dampfschiffen war die Matrosenkost – Hartbrot, Hülsenfrüchte, gepökeltes Fleisch, Speck, Kartoffeln. Wie die Bordverpflegung für die Zwischendeckspassagiere beschaffen war, zeigt der Schiffskontrakt der Fa. August Bolten in Hamburg aus dem Jahre 1870:

Sonntag	½ Pfund Fleisch, Klöße, Pflaumen
Montag	½ Pfund Speck, gelbe Erbsen
Dienstag	½ Pfund Fleisch, weiße Bohnen
Mittwoch	½ Pfund Fleisch, Reis, Pflaumen
Donnerstag	½ Pfund Speck, Sauerkohl, Kartoffeln oder Linsen
Freitag	½ Pfund Fleisch, Graupen, Pflaumen oder gelbe Erbsen
Sonnabend	½ Pfund Fleisch, grüne Erbsen

Morgens Kaffee, Abends Tee, außerdem pro Person wöchentlich 5 Pfund weißes Schiffsbrot und ⅜ Pfund Butter.

Mit dem Übergang zum Dampfschiff in den 1860er Jahren stieg die Schiffsgröße, damit die Ladekapazität und die Zahl der Passagiere – Auswanderung war zu einem Geschäftszweig von wirtschaftlicher Bedeutung geworden. Auf Ballins Anregung entstanden die großen Zwischendecks auf den Überseedampfern, um die Auswanderer in großer Zahl billiger, besser und profitabler transportieren zu können. Die wirtschaftliche Rentabilität dieses Massengeschäfts umriss Ballin mit den Worten: „ohne Zwischendeckspassagiere wäre ich innerhalb weniger Wochen bankrott".

Die Bedingungen für die Passagiere waren nahezu katastrophal. „Ich hatte keine Vorstellung davon, was es bedeutete, ‚Zwischendeck' zu reisen in jenen Tagen", erinnerte sich später die damals 20-jährige Louisa Christina Hansen-Rollfing an ihre Überfahrt im Jahre 1880: „Der große Schiffsraum war vollgestopft mit Holzgestellen auf kurzen Beinen. Quergelegte Bretter ergaben eine Art Pritsche. Darauf lagen dünne Matratzen aus Stroh – sonst nichts. Dass sollten unsere ‚Betten' sein! Reihe an Reihe standen sie, mit schmalen Gängen dazwischen. Man sollte eine Wolldecke mitbringen. Ich wußte nichts davon, hatte also keine ... Hier mußten die Familien mit ihren Kindern und die alleinreisenden Frauen schlafen, nachdem sie für sich eine Koje oder ein ‚Bett' in Beschlag genommen hatten ... Es herrschte ein unbeschreibliches Durcheinander in diesem Teil des Schiffs, in dem ungefähr 200 Passagiere untergebracht waren. Später fanden wir heraus, daß insgesamt 960 Auswanderer an Bord waren."

Die Auswanderer aus Schleswig-Holstein und Mecklenburg reisten vielfach in größeren Gruppen, mit Freunden und Familien, häufig auch ganze Dorfgemeinschaften, wie sich aus den Schiffs- und Passagierlisten ablesen lässt:

Bark „Sir Isaac Newton"

Reeder: Robert Miles Sloman, Hamburg
Kapitän: G. H. Schladetsch

Fahrt von Hamburg nach New York – Ankunft: 6. Dezember 1852

Gesamtzahl der Passagiere:	**154**
davon:	
aus Mecklenburg-Schwerin	45
aus Mecklenburg-Strelitz	20
Kabinen-Passagiere	4
davon aus Mecklenburg	0

Bark „Copernicus"

Reeder: Robert Miles Sloman, Hamburg
Kapitän: H. Meyer

Fahrt am 4. Mai 1854 von Hamburg nach New Orleans/LA

202 Passagiere

Verteilung dieser 202 Passagiere nach Schiffsklasse/Herkunft ...

	Schleswig	Holstein	Mecklenburg	Deutschland/ andere Länder	Summe
Zwischendeck	1	54	71	49	175
2. Klasse		3	1	12	16
1. Klasse		5		6	11
Summe	1	62	72	67	202

... und nach Herkunft/Zielort

	Davenport	Iowa	St. Louis	New Orleans	USA/ andere Orte	Summe
Schleswig	1					1
Holstein	8	36	3	7	8	62
Mecklenburg		52	16	4		72
Deutschland/ andere Länder		1	46	2	18	67
Summe	9	89	65	13	26	202

Dampfer „Rhenania“

Reeder: Hamburg-Amerika-Linie
Kapitän: H. Barends

Fahrt von Hamburg nach New York/NY – Ankunft: 7. November 1881

Gesamtzahl der Passagiere: **542**
davon:
aus Mecklenburg: 266

Von Gesamtzahl auf Überfahrt verstorben: 39
Von Mecklenburgern auf Überfahrt verstorben: 17

Anmerkungen
- 9 Geburten auf See (3 aus Mecklenburg)
- 1 Familie aus Mecklenburg = 9 Personen
- 2 Familien aus Mecklenburg = je 8 Personen

Dampfer „Amerika"

Reeder: Norddeutscher Lloyd
Kapitän: W. Langer

Fahrt von Hamburg nach New York/NY – Ankunft: 18. November 1881

Gesamtzahl der Passagiere: 706
davon
aus Mecklenburg: 124
Anmerkungen
- 2 Familien aus Mecklenburg = je 8 Personen

Doch nicht alle Schiffe erreichten ihren Zielhafen, viele wurden ein Opfer der See. Allein in den Jahren 1847 bis 1853 ging 49 Auswandererschiffe während der Atlantikquerung verloren, die Zahl der Toten ist unbekannt. Eine der größten Katastrophen war der Brand des Dampfschiffes „Austria" der HAPAG am 13. September 1858 vor den Neufundlandbänken im Nordatlantik. Das Schiff war mit 538 Passagieren und ca. 100 Mann Besatzung auf der Fahrt von Hamburg nach New York, als ein Behälter mit Teer, der zum Ausräuchern des Zwischendecks verwendet wurde, umstürzte, Feuer fing und die Einrichtung entzündete. Innerhalb weniger Minuten stand das Schiff in Flammen. An Bord brach eine Panik aus. Nur 91 Menschen, davon zehn Besatzungsmitglieder, überlebten das Unglück. Über den Brand und die hohe Zahl der Todesopfer berichteten mehrere Zeitungen im In- und Ausland, über das Ereignis erschienen Zeichnungen und Moritatendrucke, wurden Lieder verfasst.

Am 19. Januar 1883 ereignete sich ein ebenso schweres Schiffsunglück 19 Meilen nordwestlich der Nordsee-Insel Borkum. Der HAPAG-Schraubendampfer „Cimbria" war auf dem Wege von Hamburg nach New York. Der 40-jährige Kapitän Hansen, ein geborener Kieler, dessen Schiff zur Reparatur im Dock der Reiherstieg-Werft lag, war für den erkrankten Kapitän eingesprungen. Die 101 m lange „Cimbria" hatte 402 Passagiere an Bord, größtenteils Auswanderer, und 120 Mann Besatzung. Im dichten Nebel und eisiger See kollidierte sie gegen 2.15 Uhr mit dem englischen Kohlendampfer „Sultan", der auf dem Wege von Hull nach Hamburg war. Die „Sultan" rammte die „Cimbria" an der Backbordseite und riss unter der Wasserlinie ein riesiges Loch in die Wand. Sofort strömten große Wassermassen in das

Abb. 15 Zeitgenössische Darstellung des Untergangs des Dampfschiffes „Austria" am 13. September 1858 vor den Neufundlandbänken im Atlantik nach einem Feuer an Bord. Von den Rettungsbooten konnte nur eines zu Wasser gelassen werden, alle anderen wurden von den um ihr Leben kämpfenden Passagieren derart beschädigt, dass sie nicht mehr schwimmfähig waren.

auf die Seite gekippte Schiff. Nach einer Viertelstunde sank die „Cimbria" mit dem Bug voran. 39 Passagiere überlebten und wurden von zwei herbeieilenden Schiffen übernommen, 17 weitere klammerten sich elf Stunden an einen aus dem Wasser ragenden Mast fest, dann wurden sie von der Bark „Diamant" gerettet. Der Kapitän der „Sultan" fuhr mit seinem beschädigten Schiff weiter – ohne einen Überlebenden an Bord zu nehmen. Von dem Untergang habe er nichts bemerkt, gab er später zu Protokoll.

Die deutsche wie die ausländische Presse griffen die Katastrophe in zahlreichen Berichten auf, noch lange bewegte das Schicksal der „Cimbria" die Gemüter. Zu den 436 Opfern der „Cimbria" gehörten auch mehrere Auswanderer aus Schleswig-Holstein – aus Kiel, Brunsbüttel, Krempe, Hadersleben, Hattstedt, Neustadt, Burg a. F. und Ratzeburg.

Seit mehreren Jahren versuchen Taucher verschiedener Unternehmen die legendären Schätze vom Wrack der „Cimbria" aus 25 m Tiefe zu heben. Es heißt, zu der wertvollen Ladung gehörten große Mengen feinstes Porzellan – von bis zu 200 t ist die Rede – und ca. zwei Millionen Goldmark.

Großes Aufsehen erregte – insbesondere an der amerikanischen Ostküste – die Ankunft des 1856 in Bath/Maine (USA) gebauten Auswandererschiffes „Leibnitz" der Hamburger Reederei Robert M. Sloman am 11. Januar 1868 im Hafen von New York. Der Dampfer hatte Hamburg am 2. November 1867 verlassen. An Bord waren neun Kabinenpassagiere und im Zwischendeck 535 Auswanderer, davon 103 Kinder im Alter von drei bis zehn Jahren und 46 Kinder unter drei Jahre alt sowie 28 Mann Besatzung, jedoch kein Arzt. Die Auswanderer kamen zum großen Teil aus Mecklenburg und Schleswig-Holstein. Während der Überfahrt erkrankte am 21. November eine Frau aus Mecklenburg – es war die Cholera. Die Krankheit breitete sich schnell auf dem gesamten Schiff aus und wütete dort vier Wochen lang, „... kümmerten sich die Schiffsoffiziere nicht um die Unglücklichen, von denen nach und nach 105 todt über Bord geworfen wurden." 70 Erwachsene, davon ein Besatzungsmitglied (der Koch) und 35 Kinder im Alter von ein bis zwölf Jahren sowie vier Neugeborene starben; von den 105 Cholera-Toten stammten 91 aus Mecklenburg.

Eine Überlebende berichtete in einem Brief von New York aus über die Zustände an Bord:

> „Unser Lager war eng und finster, und herrschte eine schrecklich ungesunde Luft in den Raum; unser Essen schlecht und ohne Geschmack gekocht, ob angebrannt und nicht gar; das Brod oder Schiffszwieback schimmlich mit Maden und Würmern versehen, die Butter ungenießbar, da sie stank; auch das Fleisch war meistenteils schlecht und gab es auch von Allem so furchtbar wenig, daß wir uns kaum den Hunger stillen konnten, namentlich war das wenig verabreichte Wasser unser größter Mangel. Durch die schlechte Luft im Raum, wo wir lagen, das sehr schlechte Essen und auch wohl die rasche Veränderung des Klimas, brach sehr bald eine Krankheit aus, die wir für Cholera hielten."

In New York wurden die Passagiere, darunter 35 Erkrankte, auf das bei Staten Island liegende Hospitalschiff „Illinois" gebracht, wo in den folgenden Tagen noch zwei Menschen starben. Die New Yorker Zeitungen berichteten ausführlich über das „Cholera-Schiff" und kritisierten die katastrophalen Zustände an Bord.

Während der Überfahrt von Hamburg nach New York starben im Jahre 1866 von 14.335 Zwischendeckpassagieren 387, im Jahre 1867 waren es von 8.788 Auswanderern 199.

New York – das Tor nach Amerika

Für die meisten Auswanderer aus Norddeutschland hieß der Zielhafen New York; einige mit Ziel Mittlerer Westen fuhren auch nach New Orleans oder nach Galveston, wenn sie nach Texas wollten, nur wenige gingen über Baltimore oder einen anderen Hafen an Land.

„Wie fremd und unbekannt fühlt man sich bei der Ankunft im entfernten Lande, wie neu und sonderbar scheint einem alles, wenn man nach längeren Tagen entlich fern der Heimath festen Boden betritt, wenn man umher geht in den Straßen und im Hafen der Stadt, und sieht die vielen und großen Schiffe aller Nationen. Die Mengen der Neger und farbigen Gesichter, dazu, die fremde Sprache wovon man auch bei der größten Aufmerksamkeit kaum ein Wort versteht“, schildert ein 23-jähriger Jüngling aus Meldorf seine Ankunft in New York im Jahre 1840. Wie in allen Hafenstädten damaliger Zeit mussten die Reisenden aufpassen, nicht übervorteilt, belogen, bestohlen oder betrogen zu werden. „Wenn man in New York ankommt, fallen die Schwindler über einen her wie die Raben, und viele haben sie schon an den Bettelstab gebracht, davon hat man bei uns keinen Begriff und so was noch gar nicht erfahren“, berichtete ein anderer im Jahre 1854 über seine ersten Eindrücke von New York.

Bis 1855 gab es in New York keine Einwanderungskontrolle irgendwelcher Art. Die Schifffahrtsgesellschaft bzw. der Kapitän des Schiffes gab am Zollamt lediglich die Passagierliste ab, die Einwanderer erledigten die Zollabfertigung und gingen dann ihres Weges.

Eine Einwandererfürsorge existierte zunächst nicht. Um den offenkundig wachsenden Missständen bei der ständig zunehmenden Zahl der Einwanderer entgegenzuwirken, errichtete der Staat New York 1848 als erste Maßnahme auf Ward's Island ein Hospital, das bis 1868 mehrfach vergrößert wurde. Die Furcht der New Yorker Behörden, dass Pocken, Typhus, die Cholera oder andere Seuchen eingeschleppt werden könnten, war groß.

Zum 1. August 1855 wurde dann ein zentrales Durchgangslager eingerichtet in Castle Garden an der Südwestspitze Manhattans. Da die Auswandererschiffe bei Castle Garden nicht anlegen konnten, mussten die Zwischendeck-Passagiere in kleinere Boote umsteigen, die sie an Land brachten; Kajütpassagiere waren vor Hoboken (New Jersey) ausgestiegen und nach New York gebracht worden.

In Castle Garden wurden die Zollformalitäten erledigt, das Gepäck ausgeliefert, in der großen Rotunde die Personen aufgerufen, die abgeholt wurden oder für die Nachrichten vorlagen. Es gab dort Geldwechsler und Wechselstuben, an Eisenbahnschaltern konnten Fahrkarten für die Weiterreise gekauft werden, freie Stellen wurden durch Ausrufer angeboten und seit 1868 gab es in einem Anbau ein besonderes Arbeitsvermittlungsbüro, das 1868 31.143 und 1869 34.955 Einwanderern eine Arbeitsstelle vermittel-

Abb. 16 New York, Castle Garden, Transfer-Station, Holzschnitt 1874. Die Fähre in der Mitte am Kai trägt die Aufschriften (in deutscher Sprache): Erie Eisenbahn-Einwanderer Beförderung Castle Garden nach den Erie Eisenbahnen. Holzschnitt 1874

te, davon ca. 20 % in der Landwirtschaft und ca. 8 % als Mechaniker. Von der Post- und Telegrafenstation in Castle Garden wurden 1869 2.884 Briefe und Telegramme versandt. Nur konzessionierte Agenten von Pensionen und Gasthäusern durften in Castle Garden Übernachtungsmöglichkeiten anbieten – doch außerhalb der Station musste man weiterhin vor Gaunern, Dieben und Schleppern auf der Hut sein.

Im Jahre 1890 übernahmen Bundesbehörden die Kontrolle und Abfertigung der Einwanderung, die Vorschriften wurden nun strenger gehandhabt. Da der Staat New York Castle Garden den Bundesbehörden nicht überließ, wurde ab 19. April 1890 vorübergehend das ehemalige Barge Office an der Whitehall Street am südöstlichen Ende von Manhattan als Einwanderungsstation eingerichtet. Zum 1. Januar 1892 öffnete dann die neue Einrichtung auf Ellis Island ihre Tore. Das vorwiegend aus Holz errichtete Gebäude brannte 1897 total ab, so dass das Barge Office erneut als Ausweichquartier genutzt wurde.

Am 17. Dezember 1900 wurden dann die neu errichteten festen Gebäude auf Ellis Island in Betrieb genommen – bis 1924 mussten dort alle Einwanderer durchgehen, von 1924 bis 1954 nur noch die, die einer genaueren Untersuchung unterzogen wurden, während die große Menge bereits auf den Schiffen abgefertigt wurde. 1954 wurde Ellis Island, die „Insel der Tränen“ im Schatten der Freiheitsstatue, als Einwanderungsstation endgültig geschlossen.

Der Einwanderer J. Dohm aus Friedrichstadt schreibt über die Abfertigung auf Ellis Island im August 1894 an Freunde in der alten Heimat:

„Bald ... kamen die Zollbeamten und fragten Jeden, woher und wohin und ob zollbare Ware mitgeführt würde. Ein Schein ist zu unterschreiben, worauf man eine Karte erhält, welche im Gepäckraum am Lande abzugeben ist. In diesem Raum steht auf einer Seite das Alphabet; ich mußte mich also nach dem Buchstaben D verfügen, wo ich dann rasch abgefertigt wurde. Manche Andere mußten aber ihre Koffer ganz auspacken. Dieser Gepäckraum hat ungefähr die Größe als die halbe Vorderstadt von Friedrichstadt. Ueberhaupt ist hier Alles großartig, was man sieht; das zu beschreiben, dazu gehört zu viel Zeit.“

Von 1847 bis 1889 sind ca. 9,6 Millionen Menschen über New York eingewandert; den Höhepunkt brachte das Jahr 1907 mit 1.004.756 Personen und der 17. April war der Tag mit der höchsten abgefertigten Einwandererzahl: 11.747 Menschen.

Abb. 17 New York, Castle Garden, Hauptgebäude der Einwandererstation. Im Jahre 1869 wurden in Castle Garden 258.989 Einwanderer, davon 99.605 aus Deutschland, registriert. In dem Anbau links vom Haupteingang war (seit 1868) ein Arbeitsvermittlungsbüro für ankommende Einwanderer. Aus: Friedrich Kapp, Immigration and the Commissioners of Immigration, New York 1870

Abb. 18 New York, Einweihung der Freiheitsstatue im Jahre 1886; Ölgemälde von Edward Moran (1829–1901). Titel des Bildes: Statue of Liberty enlightening the world

Ellis Island und die Freiheitsstatue wurden zu einem Symbol der Freiheit und zu einem Willkommensgruß für alle Einwanderer. Die 93 m große Freiheitsstatue, eine weibliche Gestalt in einer Robe mit einer Fackel in der erhobenen rechten Hand darstellend, ist ein Geschenk des französischen Volkes an die USA zum 100. Jahrestag der Unabhängigkeitserklärung. Finanzielle Schwierigkeiten verzögerten die Fertigstellung der Figur, die 1885 in 350 Einzelteilen zu Schiff von Frankreich nach New York gebracht wurde. Sie wurde auf Bedloe Island (heute: Liberty Island) vor dem Hafen aufgestellt, da diese Insel das erste Stück der Neuen Welt nach der Atlantik-Passage war, das die Einwanderer bei ihrer Ankunft sahen. 1886 wurde die Statue offiziell an die USA übergeben.

Am Haupteingang der Freiheitsstatue stehen die Worte aus dem 1883 entstandenen Gedicht „The New Colossus" von Emma Lazarus (1849–1887):

„Give me your tired, your poor, / your huddled masses yearning to breathe free, / the wretched refuse of your teeming shore, / send these, the homeless, tempest-tossed to me, / I lift my lamp beside the golden door!"

(Schickt mir eure müden, eure armen, / eure zusammengedrängten Massen, die danach verlangen, frei zu atmen, / den Abfall eurer überbordenden Küste, / schickt sie, die Heimatlosen, die Sturmgetriebenen zu mir, / ich erhebe mein Licht am goldenen Tor!)

Abb. 19 New York, Ellis Island, Postkarte 1919. Mit freundlicher Genehmigung von Maggie Land Blanck, New York

Viele deutsche Einwanderer blieben – wenn auch häufig nur vorübergehend – in New York, suchten Freunde oder Verwandte auf und fanden dort einen ersten Unterschlupf. Da die meisten Einwanderer aber keine solchen Kontakte hatten, gründete die deutsch-lutherische Kirche Amerikas 1873 in New York das „Emigrantenhaus“, wo die Einwanderer an den Mahlzeiten teilnehmen, für einige Nächte ein Bett belegen konnten und ihnen häufig auch eine Arbeit vermittelt wurde. Im „Kropper Kirchlichen Anzeiger“ erschien alle zwei bis drei Wochen eine Anzeige mit Hinweis auf das Emigrantenhaus. Die Bedeutung dieser Einrichtung lässt sich nach den Belegungszahlen ermessen: 1884 waren es fast 17.000 Übernachtungen.

Viele Einwanderer setzten auch bald nach Ankunft ihre Reise in das Landesinnere fort. Um an den Zielort zu gelangen, waren Schiff und Eisenbahn die Verkehrsmittel. Die Einwanderer aus Schleswig-Holstein und Mecklenburg reisten meist in die Gebiete des Mittleren Westens weiter, vielfach in die neuen, noch unerschlossenen Gebiete westlich des Mississippi.

Für Texas war das Einfallstor die auf einer der Küste vorgelagerten schmalen Insel liegende Hafenstadt Galveston, im 19. Jahrhundert ein wichtiges texanisches Handelszentrum und Hauptumschlagplatz für Baumwolle. Mit den Siedlern aus Oldenburg und Westfalen kamen in den 1830er und 1840er Jahren auch mehrere Auswanderer aus Holstein über Galveston nach Texas, das 1836–1845 eine unabhängige Republik war.

Zehnter Jahres-Bericht
vom April 1882 bis April 1883
— aus dem —
Deutschen Emigrantenhause,
No. 26 State Str., NEW-YORK.
Gegründet 1873 von der
Lutherischen Emigrantenhaus-Association in New-York.
„Der Herr, euer Gott, hat die Fremdlinge lieb.—
Darum sollt auch ihr die Fremdlinge lieben.“
5. Mos. 10, 17—18.

Glieder des Verwaltungsrathes von dem Emigrantenhause:
Herr C. Chr. Körner, Präsident, Rev. J. H. Baden, Vice-Präsident, Herr W. Hauff, Sekretär,
Herr W. A. Schmitthenner, Schatzmeister,
Herr G. Schwab, Rev. Dr. W. A. Passavant, Herr C. Rode,
Herr Fr. W. Weiß, Herr Chr. Bellmer, Herr L. F. J. Anger,
Rev. C. C. Lindberg, Herr J. H. Barklage, Rev. W. Berkemeier,
Rev. G. A. Wenzel, Herr John Maller.

Rev. W. Berkemeier, Missionar,
Herr Johann Ostermann, Hauswirth.

Abb. 20 Zehnter Jahresbericht des 1873 gegründeten Deutschen Emigrantenhauses, New York, State Street No. 26, für den Zeitraum April 1882 bis April 1883, Titelseite

Viele Schleswig-Holsteiner, deren Ziel der Mittlere Westen war, wählten den Seeweg nach New Orleans, von dort den Mississippi aufwärts nach St. Louis am Zusammenfluss mit dem Missouri und weiter mit dem Dampfschiff flussaufwärts nach Nebraska oder Iowa, wo es bei Burlington, Da-

Abb. 21 „Across the Continent" („Durch den Kontinent"), Lithographie von 1868. Allegorische Darstellung der transkontinentalen Eisenbahnverbindung von Ost nach West

venport, Dubuque oder Clinton größere Fährstellen gab. Die Einwanderer nahmen die Deckspassage, die billiger war als die Kajüte – d. h. zuerst wurden die Fracht und die Tiere an Deck gebracht, der verbliebene Zwischenraum war für die Deckspassagiere. Die Empfehlung war, möglichst einen Platz hinter einem hohen Stapel Fracht zu finden, denn so hatte man einen Schutz gegen Wind und Regen. Das Verhältnis Kajüt- zu Deckspassagiere war meist 1:5. Häufig ging dann die Reise weiter mit Planwagen, überwiegend in Trecks, später auch mit der Eisenbahn.

Die Planwagen waren bis zur Erschließung des Landes durch die Eisenbahn die einzigen Fahrzeuge, mit denen Personen wie Fracht über weite Strecken transportiert wurden. Sie prägten mit den Wagentypen des „Covered Wagon", des „Conestoga (Wagon)" und des „Prärieschoner" das Bild von der Besiedelung des Westens durch die europäischen Einwanderer. Diese großen schweren Wagen mit dem hellen Runddach aus grobem Tuch wurden von bis zu acht Pferden, Maultieren oder Rindern bzw. Ochsen gezogen und kosteten zwischen $ 300 und $ 1.000. Bei zwölf Stunden Reisezeit pro Tag wurden bis zu 20 Meilen zurückgelegt, wobei der Wagenführer entweder neben den Zugtieren ging oder auf dem Leitpferd saß, denn einen Fahrersitz hatten diese Planwagen meistens nicht.

Wer von New York in den Mittleren Westen reisen wollte, konnte von New York mit dem Schiff auf dem Hudson River und dem 1825 eröffneten Erie Canal bis Buffalo fahren, von dort durch den Erie-See bis Cleveland, dann durch den 1832 fertiggestellten, 308 Meilen (496 km) langen Ohio Canal bis Cairo und dann den Mississippi aufwärts bis Davenport oder Dubuque. Diese Fahrt dauerte einen Monat, doch galt sie im Vergleich zur Fahrt mit dem Planwagen als sehr schnell.

Aber die Fahrt über den Erie-See war nicht ungefährlich – so geriet im August 1841 der Seitenraddampfer „Erie" vor Silver Creek in Brand, als eine Korbflasche mit Verdünnung explodierte. Ca. 200 Einwanderer fanden den Tod. 1851 wurde das Wrack der „Erie" an die Küste geschleppt. Die Bergungsmannschaft fand im Rumpf so viel Geld, dass die Bergungskosten gedeckt wurden und „sogar noch etwas Gewinn herauskam".

Opfer eines Schiffsbrandes wurde auch der Seitenraddampfer „G. P. Griffith" am frühen Morgen des 17. Juni 1850, der 326 Auswanderer – hauptsächlich aus Deutschland und Irland – davon 256 im Zwischendeck – an Bord hatte. Aus ungeklärter Ursache geriet das Schiff auf der Fahrt von Buffalo 20 Meilen östlich von Cleveland in Brand; der Kapitän ließ sofort wenden und versuchte das Schiff am nahen Ufer auf Grund zu setzen, doch lief er ca. 200 m davor auf eine Sandbank. Viele Passagiere verbrannten,

Abb. 22 Auswanderer in der Eisenbahn auf der Fahrt in die westlichen Präriegebiete, um 1890. Über den Sitzplätzen (Holzbänke) waren in den Wagen Betten eingebaut.

Abb. 23 „Dringende Warnung an auswandernde Mädchen" – Aushang des „Deutschen Nationalkomitees zur internationalen Bekämpfung des Mädchenhandels" von Otto Goetze, um 1900. Das Plakat wurde in Bahnhöfen, Häfen und in den Zwischendecks der Schiffe ausgehängt und sollte vor Kupplern, Zuhältern und Mädchenhändlern warnen, damit „junge, alleinreisende unerfahrene Mädchen nicht durch verwerfliche Versprechungen verrufener Personen in Unglück und Elend gebracht werden" (Bekanntmachung des Norddeutschen Lloyd 1901)

sprangen über Bord und ertranken oder gerieten in die Schaufelräder des Schiffes, nur 37 Menschen überlebten.

Mit der Entwicklung des Schienenverkehrs wurde Chicago zum bedeutendsten Verkehrsknotenpunkt der USA und Ausgangspunkt gen Westen. Von hier aus wurde das riesige Hinterland des Mittleren Westens mit der Besiedelung erschlossen.

Von 1848 bis 1853 wurde die erste Eisenbahnverbindung von Chicago in Richtung Westen nach Galena (Illinois) gebaut, wo seit ca. 1690 Blei abgebaut wurde und das um 1850 mit ca. 14.000 Einwohnern größer war als Chicago. 1854 war die Strecke der Chicago & Rock Island Railroad fertiggestellt und damit der Mississippi erreicht, über den 1856 eine Brücke zwischen Davenport und Rock Island errichtet wurde.

Mit dem Ausbau des Eisenbahnnetzes fuhren die Einwanderer nun von New York zunächst auf dem Hudson River bis Albany, von dort mit dem Zug bis Buffalo, dann mit dem Dampfschiff über den Erie-See nach Detroit. Mit der Eisenbahn ging es dann durch Michigan nach New Buffalo und von dort mit dem Dampfschiff über den Michigansee nach Chicago.

Ende der 1850er Jahre hatte das Eisenbahnnetz zwar schon eine Gesamtlänge von 48.000 km, doch verbanden die Strecken nur die Küstenstädte am Atlantik mit den Flüssen im Landesinnern. Noch während des Bürgerkrieges gab Präsident Abraham Lincoln 1862 der Union Pacific Railroad und der Central Pacific Railroad den Auftrag zum Bau einer transkontinentalen Strecke, mit der im Westen und Osten gleichzeitig begonnen wurde. Sie war im Mai 1869 fertiggestellt – bei Promontory Summit nördlich von Salt Lake City in Utah wurde das letzte Schienenstück gelegt, beide Unternehmen hatten sich mit ihren Strecken wie geplant genau aufeinander zu bewegt.

Nun stand auch den Einwanderern nach Kalifornien eine günstige Verkehrsverbindung zur Verfügung, wenn die Fahrt von der Ost- zur Westküste auch immer noch acht bis zehn Tage dauerte.

Die Eisenbahnwagen in der zweiten Hälfte des 19. Jahrhunderts boten den Einwanderern, die günstig reisen wollten, allerdings keinen Komfort, sie glichen langen Kisten auf Rädern. Im Innenraum gab es hölzerne Bänke und Toilettenanlagen, am Ende eines jeden Wagens einen Ofen zum Kochen und Heizen. Geschlafen wurde auf den Bänken oder auf Strohmatratzen, die vom Schaffner für $ 1,50 bis $ 2,50 geliehen werden konnten und in der Mitte im Gang ausgelegt wurden. Die Fahrtzeit für die Strecke New York–Chicago betrug um 1880 ca. zwei Tage.

Auch während der Reise waren die Einwanderer nicht gegen Unheil gefeit oder vor zwielichtigen Leuten sicher, wie eine Meldung aus dem „Husumer Wochenblatt“ vom 10. August 1885 zeigt:

„Über das räthselhafte Verschwinden deutscher Einwanderer im Amerika entnehmen wir einem Telegramm der New Yorker ‚Associated Press‘ aus Davenport (Staat Iowa) vom 19. v. Mts die folgenden Einzelheiten: Auf räthselhafte Weise ist die Spur von sechs deutschen Einwanderern verloren gegangen. Für die Auffindung derselben ist von dem vor drei Monaten aus Schleswig-Holstein eingewanderten Christian Paulsen eine Belohnung von 200 Dollar geboten worden. Paulsen kaufte sich in der Nähe von hier eine Farm und es gefiel ihm so gut, daß er vor 6 Wochen seiner Braut, Nicolina Wacker, schrieb, sie möge sofort zu ihm kommen. Die Braut machte sich auch unverzüglich auf den Weg. Mit ihr kamen Peter Behrens, Johann Junge, Anna Roß, Anna Hansen, Marie Haß und Anna Ellessen, sämmtlich junge Leute. Ende Juni landeten dieselben in New York, wo sie Fahrkarten nach Davenport kauften. Am Morgen des 2. Juli kamen sie in Chicago an, und zwar auf der Pittsburg und Fort Wayne Bahn. Beim Bahnhofe engagierten sie Kutschen, um nach dem Bahnhofe der Rock Island Bahn zu fahren, auf welcher sie die Reise nach Davenport fortzusetzen hatten. Behrens bestieg eine Kutsche, Junge mit den 5 Mädchen eine andere. Behrens erreichte den Rock Island Bahnhof, aber von seinen Reisegefährten war nichts zu sehen. Er wartete eine geraume Weile und als sie auch dann nicht eintrafen, trieb er sich in den Straßen herum, um sie zu suchen. Am Abend setzte er ohne dieselben gefunden zu haben allein die Reise nach Davenport fort, wo er auch wohlbehalten ankam. Er suchte sofort Paulsen auf und erzählte ihm den räthselhaften Vorfall. Paulsen wartete eine Woche in der Hoffnung, daß die Vermißten doch noch auftauchen würden. Als sie aber auch dann nicht kamen, sandte er einen der englischen Sprache mächtigen Bekannten nach Chicago, um dort nach den Vermißten, die sämmtlich kein Englisch verstehen, zu forschen und die Polizei von ihrem Verschwinden in Kenntnis zu setzen. Bis jetzt ist es noch nicht gelungen, eine Spur von denselben zu finden.“

Neue Heimat Amerika

Die meisten Einwanderer aus Norddeutschland hofften in den USA ein Stück Land kaufen und eine eigene Farm bewirtschaften zu können. Viele blieben aber auch in New York, Cincinnati, St. Louis, Chicago oder Milwaukee, um sich dort zunächst als Arbeiter den finanziellen Grundstock für die Selbständigkeit als Farmer im Westen zusammenzusparen.

Die Besiedelung des nordamerikanischen Kontinents, vor allem durch europäische Immigranten, erfolgte von Ost nach West. Die Siedlungsgrenze, die „frontier", verschob sich rasch, sie befand sich um 1800 bereits westlich des Mississippi. Im Jahre 1890 erklärte sie die US Census-Behörde offiziell für beendet, da das gesamte Land besiedelt und „zivilisiert" sei.

Die Ausdehnung der Besiedlung nach Westen, die Hunderttausende von Siedlern anzog und vielen Menschen einen neuen Anfang bot, wurde bald verklärt und romantisiert – der Mythos vom „Wilden Westen", dessen zentrales Sinnbild der Cowboy war, ließ viele Klischees entstehen. Der ehemalige Büffeljäger William Frederick Cody, der sich Buffalo Bill nannte, brachte mit seiner Wildwest-Show diese Vorstellung auch nach Europa. Legendenumwobene Namen (Jesse James, Billy the Kid, Wild Bill) waren die Revolverhelden, mit denen sich Geschichten von Freiheit, Abenteuer und Gesetzlosigkeit verbinden. Romane, Groschenhefte, Filme und Bilder jeglicher Art zeichneten die Vision des „Wilden Westens", erzählten immer wieder aufs Neue von dieser Pionierzeit, die bis heute irrigerweise als ein Teil der amerikanischen Identität angesehen wird.

Große Siedlerströme verursachte der kalifornische Goldrausch, in dem viele Einwanderer als Goldgräber ihr Glück suchten. Nachdem im Januar 1848 im American River ein Goldnugget gefunden worden war, zogen in den nächsten Jahren mehrere hunderttausend Menschen vom Goldfieber gepackt nach Kalifornien. Diese Abwanderung aus anderen Landesteilen der USA hatte tiefgreifende Auswirkungen auf den Arbeitsmarkt, die örtliche und regionale Wirtschaft. So blieben Dutzende Schiffe vor San Francisco liegen, weil die Schiffsbesatzungen sofort nach der Ankunft zu den Goldfeldern zogen. Doch nur einige wenige Goldgräber wurden tatsächlich reich, viele Menschen gingen mittellos zugrunde.

Dem amerikanischen Staat lag mit seiner Expansionspolitik sehr daran, die großen Gebiete des Westens durch den „weißen Mann" zu besiedeln und zu bewirtschaften. Schon 1812 war in Washington eine Zentralstelle für Verwaltung und Vermessung der öffentlichen Ländereien eingerichtet worden. Unter ihrer Leitung besorgte eine große Anzahl Landbüros in verschiedenen Landesteilen den Grundstücksverkauf an Einwanderer. Die Regierung in Washington überließ außerdem den Eisenbahngesellschaften kostenlos Land – bis 1871 mehr als 131 Millionen acres (1 acre = 0,405 ha = 4050 m^2) –, um mit dem Bau neuer Strecken die Besiedelung zu beschleuni-

Abb. 24 Sonderbriefmarke der US-Postverwaltung zum 100. Jahrestag des Homestead-Gesetzes im Jahre 1962. Das Bild zeigt ein Siedlerehepaar vor einem sog. Sod House (Grassoden-Haus). Sod Houses wurden in Gegenden gebaut, in denen Holz nicht zur Verfügung stand wie z. B. den baumlosen Prärien.

gen. So wurden nahezu 16 % der Landfläche Nebraskas an verschiedene Eisenbahngesellschaften übertragen. Die Eisenbahngesellschaften verkauften dann das durch den Bau der Eisenbahnlinien erschlossene Land weiter an die Siedler, für die mit der Eisenbahn der Anschluss an die Absatzmärkte im Osten vorhanden war.

Noch während des Bürgerkrieges unterschrieb Präsident Abraham Lincoln am 20. Mai 1862 die Homestead Act (Heimstättengesetz), die künftig den Landerwerb regelte. Sie erlaubte jedem Mann von über 21 Jahren, sich auf einem bis dahin unbesiedelten, vermessenen Stück Bundesland von 160 acres niederzulassen und es zu bewirtschaften. Nach fünf Jahren, wenn der ursprüngliche Erwerber ein Haus gebaut hatte und dort noch ansässig war, ging es in seinen Besitz zur freien Verfügung über. Mit der Verschiebung der Besiedlungsgrenze westwärts an die trockenen Steppen der Great Plains wurde die Landfläche des Homesteads auf 640 acres erhöht. Die Homesteaders, wie die Erwerber genannt wurden, brauchten keine Erfahrung in der Landwirtschaft oder Gerätschaften zu haben, sie mussten jedoch Staatsbürger der USA sein oder erklären, es werden zu wollen. Bis 1900 hatten bereits 600.000 Homesteaders von dieser Möglichkeit Gebrauch gemacht. Das Gesetz wurde erst 1976 (für Alaska 1986) aufgehoben; bis dahin waren 270 Millionen acres Bundesland (= 1,1 Mio km^2, etwas mehr als die Fläche von Deutschland, Frankreich, Österreich und der Schweiz zusammen) oder zehn Prozent der Landfläche der USA privatisiert worden.

Zahlreiche Einwanderer aus Schleswig-Holstein und Mecklenburg haben die Chance als „Homesteaders" wahrgenommen. Viele „Homesteaders" haben in späteren Jahren benachbarte Ländereien hinzugekauft und ihre Farmen vergrößert oder auf dem nunmehr eigenen Land ein Unternehmen, einen Gewerbebetrieb gegründet. Viele Träume und Hoffnungen waren damit verbunden, es gibt viele Geschichten von erfolgreichen und erfolglosen „Homesteadern".

Die deutschen Einwanderer hielten an ihren „kontinentalen" Sitten fest, und das bedeutete nicht nur den Kirchgang am Sonntag, sondern auch Familienbesuche, Biertrinken im Gartenlokal mit Tanzvergnügen oder Konzert einer Musikkapelle – „Gemütlichkeit" war eines jener Wörter, das schnell Eingang fand in den amerikanischen Wortschatz. Die Geselligkeit fand ihren Ausdruck in zahlreichen Turnvereinen, Schützengilden, Theatergruppen und Gesangvereinen. Die Einwanderer wollten sich schnell in die amerikanische Gesellschaft integrieren, zugleich aber auch an ihrem Brauchtum festhalten. Deutschamerikaner waren sie nur im Übergang, von der zweiten Generation an verschwand dieses Gefühl allmählich.

Wisconsin war um die Mitte des 19. Jahrhunderts ein „Mekka" für Einwanderer. In den USA wie in Deutschland erschienen viele Auswanderer-Ratgeber und Reiseführer über das Land. Von 1852 bis 1855 und von 1867 bis 1872 hatte Wisconsin in New York einen Beauftragten, dessen alleinige Aufgabe es war, Broschüren an Einwanderer zu verteilen und somit für das Land zu werben. Größte Motivation blieben aber weiterhin die Erzählungen, Briefe und Berichte von Freunden, Bekannten und Familienangehörigen. Wohl ein Dutzend Pioniere in Manitowoc County hatte Broschüren drucken lassen, die sie an Verwandte in Übersee schickten. Die meisten neuen Siedler kamen in den folgenden Jahren aus Schleswig-Holstein, doch nicht alle blieben, viele zogen später weiter gen Westen nach Iowa, Illinois oder Nebraska.

Die Deutschen waren die größte Einwanderungsgruppe in **Iowa**, und unter ihnen stellten die Schleswig-Holsteiner einen großen Anteil. In 60 der 99 Counties von Iowa stellten die Deutschen um 1910 die absolute Mehrheit der Einwanderer.

Iowa, zwischen dem Mississippi im Osten und dem Missouri im Westen, wurde zu einem Siedlungsschwerpunkt der norddeutschen, insbesondere schleswig-holsteinischen Einwanderung. In großer Zahl folgten Verwandte, Freunde und Bekannte ihren Landsleuten aus der alten Heimat. Sie gründeten neue Siedlungen und Städte. Viele Farmen in Iowa sind noch heute im Besitz der Nachkommen dieser Einwanderer, und die heutigen Eigentümer erzählen stolz von ihren Vorfahren.

Zu einem Kristallisationspunkt der schleswig-holsteinischen Einwanderer in Iowa wurde das 1839 gegründete **Davenport** am Mississippi mit dem umliegenden Scott County. Zwar wuchs die neue Siedlung in den 1830er und 1840er Jahren nur langsam, sie hatte 1850 nur 1.848 Einwohner, doch

Abb. 25 Davenport (Iowa), 2nd Street, Nordseite, 1858. Die Straße ist unbefestigt, der Fußweg am Straßenrand mit Holzbohlen und Brettern (boardwalk) ausgelegt.

seit den 1850er Jahren nahm der Strom der Einwanderer zu. 1860 hatte Davenport bereits 11.267 Einwohner, zehn Jahre später waren es 20.038. Ein Schleswig-Holsteiner schrieb 1851 von Davenport nach Hause:

„Ein Drittel der Bevölkerung in der Stadt und ungefähr die Hälfte auf dem Lande ist deutsch. Man meint nicht in Amerika zu sein, denn überall hört man deutsch. Es gibt eine katholische Kirche in Davenport, wo im Gottesdienst deutsch gepredigt wird, und eine deutsche evangelisch-lutherische Kirche wird gebaut ... Wir haben uns im Lande umgesehen und werden in Hickory Grove etwa 12 Meilen von Davenport siedeln. Herr Friedrich hat 320 acres gekauft. Auch vier Offiziere der ehemaligen Schleswig-Holsteinischen Armee kauften kleinere Grundstücke in seiner Nachbarschaft. Viele ehemalige preußische Offiziere in der Schleswig-Holsteinischen Armee sind auch hierher gekommen, um zu siedeln. Viele von ihnen haben für Farmer gearbeitet, und sie schämen sich nicht zu sagen, daß sie Tagelöhner sind, denn hier ist es keine Schande zu arbeiten."

Für viele Siedler mit Ziel Nebraska oder weiter gen Westen war Davenport, das sich zu einem Geschäfts-, Handels- und Kulturzentrum entwickelte, auf ihrer Wanderung eine willkommene Unterbrechung. Die schleswig-holsteinischen Einwanderer, als Handwerker, Unternehmer oder Kaufleute geschätzt, prägten das frühe Davenport. Hier gab es zahlreiche deutsche Vereine, Gesellschaften und Organisationen – u. a. die 1848 gegründete Liedertafel, aus der 1851 der Deutsche Männerchor hervorging, das Deutsche Symphonie-Orchester, der 1852/53 gegründete Freie Deutsche Schulverein, der Davenporter Leseverein, die Laienspielgruppe, die „Klaus-Groth-Gilde“ als Geselligkeits- und Unterstützungsverein sowie die „Plattdütsche Claus Groth-Gilde“, zu deren Ehrenmitglied Klaus Groth an seinem 71. Geburtstag ernannt wurde und die zeitweise über 400 plattdeutsch sprechende Mitglieder hatte. Die Gilde ließ 1892 in Davenport ein Versammlungshaus bauen, das sie „Claus Groth Hall“ nannte.

1852 gründeten 13 Schleswig-Holsteiner, die fast alle in ihrem Heimatland an der Erhebung von 1848/51 gegen Dänemark beteiligt gewesen waren, in Davenport den „Socialistischen Turnverein“, der bei Aufzügen die schwarz-rot-goldene Fahne mitführte. 1858 nannte sich der Verein, der zeitweise ca. 800 Mitglieder hatte und zu dessen Mitgliedern C. A. Fricke – 1890 bis 1891 Bürgermeister von Davenport – gehörte, in „Davenporter Turnergemeinde“ um. Darüber hinaus gab es in East Davenport einen eigenen Turnverein mit einer eigenen Turnhalle – das Gebäude steht noch heute.

Die 1862 gegründete Schützengesellschaft, deren Anfänge bis 1854 zurückreichen und die dem Oberen Mississippi-Schützenbezirk und dem 1879 gegründeten Westlichen Schützenbund angehörte, ließ 1870 als Schieß- und Übungsgelände den 20 acres großen Schützenpark anlegen; hier gab es auch ein Gasthaus, eine Tanzhalle, einen Musikpavillon, Kegelbahnen, eine Achterbahn und einen Sportplatz.

Abb. 26 Davenport (Iowa), Claus Groth Hall, um 1900. Foto: W. H. Otto. Schleswig-Holsteinische Landesbibliothek

Abb. 27 Die Mitglieder des „Davenport Vereins der Kampfgenossen der Schleswig-Holstein'schen Freiheitskriege von 1848, 1849 und 1850" am 24. März 1898, dem 50. Jahrestag der Schleswig-Holsteinischen Erhebung, am Gedenkstein in Davenport, Washington Square Park. Vordere Reihe v. li. n. re.: unbekannt, unbekannt, unbekannt, Jürgen Peter Ankerson, Johann Nicolaus Ludewig Hanssen, Emil Geisler, Bleik Peters, unbekannt, Ferdinand („Fritz") Jacker, unbekannt, Heinrich C. Horstmann, Heinrich Nagel. Hintere Reihe v. li. n. re.: unbekannt, Otto Johann Detlef Klug, Carl M. B. Haas, unbekannt, unbekannt

Einzigartig unter den deutschen Organisationen der USA war der „Davenport Verein der Kampfgenossen aus den Schleswig-Holstein'schen Befreiungskriegen in den Jahren 1848, 1849 und 1850", der auch Mitglied der Schleswig-Holsteinischen Landeskampfgenossenschaft war. Der Verein wurde 1872 gegründet und hatte eine Gesamtmitgliederzahl von 316 Personen, die alle einmal Soldat in der Schleswig-Holsteinischen Armee von 1848/51 gewesen waren. „Hauptquartier" des Vereins war die 1887 erbaute Turnhalle der deutschen Turngemeinde. Höhepunkt im Vereinsleben war stets die Versammlung am 24. März, dem Jahrestag der schleswig-holsteinischen Erhebung. Zu den Vorstandsmitgliedern des Vereins gehörte auch Ernst Claussen, der von 1884 bis 1889 Bürgermeister von Davenport war; Ehrenmitglieder des Vereins waren dessen Vater Hans Reimer Claussen,

Staatssenator von Iowa, und der schleswig-holsteinische niederdeutsche Volksdichter Johann Meyer in Kiel.

Auch um Davenport in Scott County siedelten viele Schleswig-Holsteiner. Nördlich von Davenport liegt der 1846 gegründete Ort **Eldridge**, wo sich viele Schleswig-Holsteiner in den Jahren 1851 und 1852 als „Homesteader" niederließen, und westlich der Ort **Walcott**, der 1854 ausgelegt wurde. Am Sonnabend, dem 25. August 1855 stiegen nach zwölf Meilen Bahnfahrt in der noch offenen Prärie etwa 500 frohe Männer und Frauen, überwiegend Einwanderer aus Irland und Deutschland, die meisten von ihnen Schleswig-Holsteiner, aus dem ersten Zug, der westlich des Mississippi abgefahren war. Nach einem kostenlosen Lunch begann die Versteigerung der Grundstücke, die größtenteils für $ 100 bis $ 150 verkauft wurden. Während der Finanzkrise von 1857 verkauften viele Spekulanten ihre Grundstücke in Walcott für 75 Cent pro acre an nachströmende Siedler. Als mit Beginn der 1870er Jahre die irischen Einwanderer weiter nach Westen zogen, wurden ihre Grundstücke und Häuser von neuen Einwanderern, meist aus Schleswig-Holstein und Mecklenburg, übernommen. Um 1910 gehörten 9/10 der landwirtschaftlichen Nutzfläche in und um Walcott Einwanderern aus Norddeutschland oder deren Nachkommen. Rudolph Bluedorn, dessen Familie aus dem Kreis Plön dorthin ausgewandert war, erinnerte sich, dass „Walcott deutscher war als Davenport". In seiner Kindheit (um 1880) gab es in Walcott nur zwei nichtdeutsche Familien, und die Kaufleute konnten

Abb. 28 Walcott, Iowa, Schmiede von R. H. Bluedorn, um 1900. Mit freundlicher Genehmigung von Lee Muller, Walcott. Bluedorn war Farmer, Schmied, Wagenbauer, Kfz-Mechaniker, Büchsenmacher und Kaufmann. Seine Werkstatt und sein Laden waren ein geschäftlicher Mittelpunkt des Ortes.

für ihre Läden nur Leute einstellen, die auch deutsch sprachen. In der Schule wurde in deutscher Sprache unterrichtet. Walcott hatte eine deutsche Musikkapelle, einen deutschen Turnverein, es gab dort Tanzvergnügen und Vogelschießen, ab 1897 eine Zeitung (Walcott News), außerdem zunächst vier, später sechs Gaststätten, wo Bier ausgeschenkt wurde. Walcott galt vor dem Ersten Weltkrieg nach dem „Bankers Journal of New York", gemessen an der Bevölkerungszahl, als die reichste Stadt der USA.

Ebenfalls eine Gründung deutscher und irischer Siedler ist **Reinbeck** in Grundy County in Iowa. In den 1860er Jahren kamen mehrere Wagenkolonnen in die Prärie im heutigen Grundy County; zu ihnen gehörte auch John Lusch mit seiner Familie, der von Wisconsin hierher übersiedelte. Als 1872 in der neuen Siedlung ein Postamt eröffnet wurde, entschied er, dass die neue Stadt den Namen Reinbeck erhielt nach jenem Ort, in dem er 1837 geboren war.

Im westlichen Iowa in Cass County liegt nahe dem Indian Creek der kleine Ort **Marne**. Der 1828 in Lunden (Dithmarschen) geborene Emil Geisler verließ nach der gescheiterten schleswig-holsteinischen Erhebung sein Geburtsland und wanderte 1852 in die USA aus. Im Immobilienhandel hatte er in den frühen 1870er Jahren viel Geld verdient und gründete 1875 mit vier Investoren die Marne Town Company, die zunächst 160 acres in Cass County in der Nähe der Eisenbahnlinie der Chicago & Rock Island Railroad erwarb. Mit der Namensgebung wollte Geisler neue schleswig-holsteinische Einwanderer anlocken. Die fünf Gesellschafter planten eine „vollkommene" frontier-Stadt, ließen 1878 ein Hotel mit Restaurant bauen, das den Namen Marne House Hotel erhielt, und im nächsten Jahr ein Schulgebäude, das bis 1951 stand. Doch die hochgesteckten Erwartungen erfüllten sich nicht, Marne wuchs nur langsam. 1890 hatte es 381 Bewohner, doch konnte die Zahl nicht gehalten werden. Heute beträgt die Einwohnerzahl Marnes 149 Personen in 68 Haushalten.

„Willkommen Freunde" steht auf einer großen Tafel am Ortseingang von **Holstein**, einem Ort von heute 1.470 Einwohnern in Ida County (Iowa). Die Stadt an ihrem heutigen Standort und die ersten Grundstücke wurden zwar erst am 10. November 1882 festgelegt, doch gab es damals schon in unmittelbarer Nähe eine über drei Jahre alte Siedlung unter der Bezeichnung „German Settlement". Diese Siedlung, hauptsächlich von Schleswig-Holsteinern begründet, mit einer Beschlag- und Hufschmiede, einem Tanzsaal und Saloon war ein beliebter Haltepunkt auf den Fahrten zwischen Ida Grove und Cherokee. Mit der Fertigstellung der Eisenbahnlinie im Herbst 1882 wurde der Bahnhof in der Nähe von German Settlement gebaut und die Ansiedlung in der Folge an den heutigen Standort verlegt.

Jochim Thode, einer der ersten Siedler, der sich 1876 mit anderen schleswig-holsteinischen Einwanderern aus New Holstein in Wisconsin hier niedergelassen hatte, schlug vor, die neue Heimstätte nach der früheren Heimat zu benennen. Sein Vorschlag wurde einhellig angenommen, er selbst der

Abb. 29 Holstein, Iowa, Willkommen-Schild am Ortseingang

erste Bürgermeister Holsteins. Der Ort entwickelte sich in den Folgejahren zu einer stolzen lebhaften Gemeinde, in der die Hamburg Street, Altona Street, Kiel Street und Lubeck Street heute noch an das Herkunftsland der ersten Siedler erinnern. Mit einer großen Festwoche vom 9. bis 17. Juni 2007 feierte der Ort sein 125-jähriges Bestehen.

Nicht weit von Holstein entfernt in Crawford County liegt **Schleswig**, das nicht wie viele andere Orte sich langsam entwickelte, sondern seine Existenz laut und geschäftig begann, aus dem Boden gestampft wurde. Als 1898 die Boyer Valley Railroad gegründet wurde, um eine Eisenbahnlinie von Boyer nach Mondamin und über den Missouri nach Nebraska zu bauen, wurde die Strecke in vielen Kurven entlang der Hügel geführt. Auf Grund des Wasservorkommens beschloss man am Ort des heutigen Schleswig eine zentral gelegene Station zu errichten, so dass aus dem umliegenden Land die Frachten der landwirtschaftlichen Betriebe dorthin gebracht werden könnten. Die Bahnstrecke wurde damit quer durch den neuen Ort geführt.

Im März 1899 war mit dem Bau des neuen Ortes begonnen worden, Ende des Jahres gab es dort bereits einen Maschinenhandel mit Reparaturwerkstatt, zwei Kolonialwarengeschäfte, einen Saloon mit Restaurant, einen Tanzsaal, ein Café, einen Immobilienhandel, mehrere Frisörgeschäfte, ein Juweliergeschäft, zwei Banken, eine Sattlerei, eine Schmiede, einen Metallwarenhandel, zwei Getreidesilos, zwei Drugstores, ein Hotel mit Bar, mehrere Holzhandlungen, eine Tischlerei, eine Arztpraxis, ein Postamt und einige Wohngebäude – der Großteil der Häuser folgte im nächsten Jahr. Im Jahre 1900 hatte der Ort bereits 234 Einwohner.

Nicht weit entfernt von der neuen Stadt lag der Ort Hohenzollern, eine typische frontier-Siedlung mit zwei einander kreuzenden Straßen, an denen die Geschäfte, die Hufschmiede, das Tanzlokal und der Saloon lagen. Postmeister war dort seit 1891 Jürgen Schröder, der 1868 als 17-Jähriger von Puttgarden in die USA ausgewandert war. Hohenzollern war Marktplatz und Treffpunkt für die Menschen von den Farmen der Umgebung, hier gab es auch eine kleine einzügige Schule für bis zu 40 Kinder.

Abb. 30 Logo (Wappen) des Ortes Schleswig in Iowa. Es wurde 1999 zum 100-jährigen Jubiläum des Ortes geschaffen und zeigt im Wappenschild rechts oben die Flagge der USA mit den Umrissen des US-Bundesstaates Iowa und der Lage (Punkt) der Stadt Schleswig, links unten die Farben der Bundesrepublik Deutschland mit dem Wappen der Stadt Schleswig (Schleswig-Holstein), im Querbalken Wein (Traube, Flasche und Glas), fünf Rinderköpfe und ein Glas Bier als Symbole für das Erwerbs- und Gemeinschaftsleben der früheren und heutigen Bewohner des Ortes. In dem fliegenden Band steht das Gründungsjahr des Ortes mit gebündelten Maiskolben (in der Maisproduktion ist Iowa führend in den USA, und Mais ist volkstümliches „Markenzeichen" für Iowa).

Jürgen Schröder schlug vor, die Siedlung Hohenzollern mit allen Gebäuden in den neuen Ort zu verlegen, was allgemeine Zustimmung fand. Auch dort übernahm er das Amt des Postmeisters und griff hier den Vorschlag von Heinrich Sucksdorf auf, dem neuen Ort in Erinnerung an die Provinz, aus der die meisten Siedler stammten, den Namen Schleswig zu geben, denn der zweite Namensteil Holstein war ja bereits an die 25 Meilen entfernte Gemeinde in Ida County vergeben. Die meisten Siedler stimmten zu – Schleswig in Iowa war damit „geboren".

Die neue Stadt nahm einen raschen wirtschaftlichen und kulturellen Aufschwung. Noch 1899 wurde als deutsche Wochenzeitung der „Schleswig Herold" gegründet, der seit 1903 als englischsprachige Tageszeitung „The Leader" bis 1945 bestand. Die erste Schule wurde 1900 noch im Gebäude einer Metallwarenhandlung eingerichtet, im folgenden Jahr ein neues Schulgebäude errichtet. Eine größere Anzahl Vereine und Clubs entstand in den nächsten Jahren – u. a. eine Musikkapelle, ein Chor, ein Schützenverein, drei Logen. Das 1900 erbaute Opernhaus war nicht nur ein Veranstaltungsort für Aufführungen und Konzerte verschiedener Art, sondern auch für Hochzeiten, Maskenbälle, Jubiläums- und Turnfeste.

1908 brannte das Getreidesilo der Trans Mississippi Railroad ab, 1911 das alte Schulgebäude und am Weihnachtsabend 1914 vernichtete ein Großfeuer mehrere Wohn- und Wirtschaftsgebäude – nur ein Wohnhaus aus dem früheren Hohenzollern stand noch.

Schleswig ist heute eine vitale Landgemeinde mit 833 Einwohnern (Census 2000), wo das deutsche kulturelle Erbe noch gegenwärtig ist. Den Besucher begrüßt am Ortseingang ein von dem ortansässigen Künstler Don Thompson gestalteter Baumstamm, der mit seinen Schnitzereien auch auf die Herkunft der einstigen Gründer des Ortes hinweist.

Von einer großen Hoffnung und Spekulation getragen war in Nebraska die Gründung von **Grand Island**. Am 28. Mai 1857 brachen von Davenport unter großer Geheimhaltung 37 Männer, Frauen und ein vier Jahre altes Kind mit fünf schwer beladenen Wagen, gezogen von 16 Ochsengespannen, auf, um im mittleren Nebraska auf der von Wood River und North Platte River umflossenen Insel eine neue Stadt an jener Stelle zu gründen, die französische Pelzhändler und Trapper Le Grand Île (die große Insel) nannten. Zur Gruppe gehörten fünf Amerikaner, 25 deutsche Männer – davon 20 aus Schleswig-Holstein, einer aus Mecklenburg – und sechs Frauen.

Im Winter 1856/57 hatte der Bankier H. A. Barrows aus Davenport den Vorschlag gemacht, dort am Platte River eine Stadt zu gründen. Nebraska war zu jener Zeit ein sehr neues Territorium mit ca. 20.000 weißen Einwohnern, die größtenteils entlang des Mississippi wohnten. Omaha, die heutige Hauptstadt Nebraskas, war seinerzeit erst drei Jahre alt und hatte ca. 2.000 Einwohner. Barrows meinte, dass die Eisenbahn zu den Rocky Mountains durch den neuen Ort gebaut – da alle 150 Meilen eine Wasserstation für die Dampflokomotiven notwendig war – und die Hauptstadt der USA durch die Ausdehnung des Staatsgebietes nach Westen weiter in das Zentrum des Kontinents verlegt werde. Als Organisator des Unternehmens heuerte Barrows den 25-jährigen Wilhelm Stolley an, einen stellungslosen, gerade in Konkurs gegangenen Landhändler, der aus Warder bei (Bad) Segeberg stammte und 1849 in die USA ausgewandert war. Stolley sollte auch die Siedler anwerben, die je 320 acres der neuen Siedlung in Besitz nehmen sollten. Die finanzielle Ausstattung des Unternehmens gewährleisteten die Bankleute – doch noch während der Reise gingen sie pleite.

Stolley kehrte allein um, um für die Versorgung und Verpflegung der Siedler in den nächsten Wochen und Monaten zu sorgen, und übergab die Führung der Siedlergruppe, die bereits am 18. Juni 1857 Omaha erreicht hatte, dem 39-jährigen Friedrich (Fred) Hedde – er war der älteste der Gruppe. Am 5. Juli 1857 kamen die Siedler, die zuletzt durch unbewohnte Prärie gezogen waren, an der vorgesehenen Stelle am Platte River an. Stolley folgte ein Jahr später mit einer zweiten Siedlergruppe. Hedde hatte für den neuen Ort in Erinnerung an seine schleswig-holsteinische Heimat den Namen „Neu Kiel" vorgeschlagen, was jedoch nicht die notwendige Zustimmung fand. So einigte man sich auf Stolleys Kompromiss „Grand Island".

In den ersten neun Jahren hatten die Siedler viele Probleme, Rückschläge und auch Konflikte mit einheimischen indianischen Bevölkerungsgruppen zu überstehen. Als dann 1886 die Union Pacific Railroad gebaut wurde, verlegte die Bevölkerung die Stadt auf das Nordufer des Platte River – obwohl sie nun nicht mehr auf einer Insel lag, blieb der Name bestehen. Erster gewählter Bürgermeister von Grand Island wurde 1871 Johann Walrichs, ehemals ein Bewohner von (Kiel-)Gaarden.

Fred Hedde war die markanteste Persönlichkeit in jener frühen Zeit in Grand Island; er hatte zahlreiche Ehrenämter im kommunalen und bundesstaatlichen Bereich inne, besaß einen bedeutenden Landhandel, eine Landmaschinen- und eine Holzhandlung und zwei Zeitungen – er gründete 1883 den „Anti-Monopolist" und übernahm ein Jahr später den „Platte Valley Independent", später „Grand Island Daily Independent", die erste Tageszeitung der Stadt.

Grand Island war in jener Zeit auch Erscheinungsort des literarischen Magazins „Weltblatt" von G. M. Hein. Er hoffte damit die niederdeutsche Sprache in Nebraska heimisch zu machen. Hein brachte sein Magazin, das eine Auflage von ca. 1.000 Exemplaren erreichte, ohne Werbung heraus, musste es jedoch bald auf Grund finanzieller Probleme einstellen.

Der Wunsch nach Geselligkeit und Gemeinschaft führte am 31. Oktober 1870 eine kleine Gruppe Männer zusammen, die an jenem Tage als Chorgemeinschaft den „Grand Island Liederkranz" gründeten – eine Woche später waren es bereits 40 Sänger. Bis 1917 wurde bei den Zusammenkünften nur deutsch gesprochen und fast nur deutsche Lieder gesungen. Der Verein überlebte mannigfache Höhen und Tiefen, er besteht als Gesellschaftsclub bis heute und ist die älteste soziale Organisation in Nebraska. Die Mitglie-

Abb. 31 Grand Island (Nebraska): Die noch lebenden ersten Siedler von Hall County anlässlich der 25-Jahrfeier im Jahre 1882. Hintere Reihe v. li. n. re.: Peter Stuhr, Christian Menck, Herman Vasold, Marx Stelk, Fred Hedde, Detlev Sass, Heinrich Schoel, Cay Ewoldt. Vordere Reihe v. li. n. re.: William Hagge, Joachim Doll, Catharina Doll, Anna Thomssen, Margaretha Joehnck, Heinrich Joehnck

der, ihre Familien und Freunde treffen sich bis heute in der 1911/12 erbauten „Liederkranz Hall", einem Clubhaus mit Restaurant, Bowlingbahnen, mehreren Versammlungs- und Gesellschaftsräumen.

Zu den ersten Siedlern gehörte auch der in Schleswig-Holstein gebürtige Peter Stuhr. Sein 1876 in Grand Island geborener Sohn Leo, der erste Landwirtschaftsminister Nebraskas, legte in seinem Nachlass mit einem Betrag von $ 25.000 und einem großen Grundstück den Grundstock für das 1967 eröffnete, nach ihm benannte Stuhr Museum; es ist heute eines der bedeutendsten Museen des Mittleren Westens mit einem nachgebauten kleinen Eisenbahnort, einem großen Freigelände, einem bedeutenden regionalgeschichtlichen Archiv und einer Bibliothek.

Grand Island ist in den folgenden Jahren kontinuierlich gewachsen. Es zählte 1870 bereits 1.057 Einwohner, davon 341 schleswig-holsteinischer Herkunft, und ist heute eine Stadt von ca. 45.000 Einwohnern, hat vier High Schools und das einzige Rechtspfleger-Training Center Nebraskas.

Der Bau neuer Eisenbahnlinien förderte das Entstehen von Siedlungen. Als 1887 die Kansas City & Omaha Railroad in Nebraska das Gebiet des

Cottonwood Township erreicht hatte, wurde der Ort **Holstein** ausgelegt, der als „Six by Three Town" bekannt wurde – d. h. er hatte eine Fläche von sechs mal drei Meilen, denn man erwartete durch einen großen Zuzug neuer Einwanderer ein rasches Wachstum. Die Erwartungen erfüllten sich jedoch nicht. Holstein, dem die ersten Siedler seinen Namen in Erinnerung an die ehemalige Heimat gaben, blieb ein kleines Dorf in der weiten Prärie in Adams County. Es hat heute (Census 2000) 229 Einwohner in 91 Haushalten, seine höchste Bevölkerungszahl waren 323 Personen im Jahre 1910.

Im Herbst 1847 waren Charles White, der in Wisconsin im heutigen Calumetville gesiedelt hatte, und Wilhelm (William) Ostenfeld, der 1845 von Kiel ausgewandert war, von Wisconsin nach Hamburg gereist, um von dort aus Auswanderer für das Calumet-Gebiet (Wisconsin) anzuwerben. Im November 1847 hatten sich bereits so viele Interessenten aus dem Herzogtum Holstein gemeldet, dass mit den Vorbereitungen zur Auswanderung im Frühjahr 1848 begonnen wurde. Anfang April 1848 fuhren 198 Passagiere, darunter eine Gruppe von ca. 70 Personen, meist Schleswig-Holsteiner und einige Mecklenburger, mit der Bark „Brarens" von Hamburg nach New York. In zwei Gruppen reisten sie von New York weiter nach Sheboygan, die eine Gruppe per Eisenbahn bis Buffalo, die andere per Schiff durch den Erie Canal. Von Sheboygan zogen sie mit Ochsengespannen weiter. Die erste Gruppe erreichte Calumetville am 25. Mai 1848, die zweite Gruppe kam dort am 10. Juni 1848 an. In der Nähe fanden sie mit Ostenfelds Hilfe einen geeigneten Landstrich zum Siedeln; jede Familie erhielt ein Stück Land von 80 acres. Wenige Wochen später im Sommer 1848 kam eine weitere Gruppe aus Schleswig-Holstein dort an.

In den 1850er Jahren ließen sich weitere deutsche Einwanderer, meist aus Schleswig-Holstein, in dem Ort nieder, den die Siedler zunächst Altona nannten. Doch als mit der wachsenden Bevölkerungszahl auch die Postsendungen mehr wurden und es immer häufiger zu Verwechslungen mit Altoona im nordwestlichen Wisconsin kam, wurde die weiterhin wachsende Siedlung in **New Holstein** umbenannt.

Ein Freund Wilhelm Ostenfelds schreibt im April 1850 über die neue Siedlung für die „Norddeutsche Freie Presse" u. a.:

„Meines Wissens ist Neu-Holstein der einzige Punkt, wo sich unsere ausgewanderten Landsleute in größerer Menge zusammen angesiedelt … haben. Ob es gut ist, daß die Landsleute in dem freien Amerika so zusammenhocken, ob es nicht für das Fortkommen der Einzelnen und ihrer Familien besser ist, sich unter den Yankees anzusiedeln und möglichst schnell sich mit ihnen zu amalgamieren, lasse ich hier dahingestellt …"

Das Leben im ersten Jahr war schwer – es wurden zunächst einige Flächen gerodet, dann die ersten Soden- und Blockhäuser gebaut, Gärten angelegt, von indianischen Händlern Salz und Tabak, in Calumetville Mehl und andere Nahrungsmittel gekauft, in der Umgebung Wild geschossen, denn für den Winter mussten Vorräte angelegt werden. Und es wurde ein langer, kalter Winter mit Temperaturen bis –30 °C und viel Schnee. Doch im nächs-

Abb. 32 New Holstein (Wisconsin), Historical Marker (Historisches Hinweisschild) zur Geschichte des Ortes mit dem Wort von Carl Schurz: „Wenn ich nicht der Bürger eines freien Deutschlands sein kann, so möchte ich wenigstens Bürger des freien Amerika sein.“ (Aus dem Brief von Schurz vom 19. April 1852 aus London an seinen späteren Schwager Heinrich Adolph Meyer in Hamburg)

ten Jahr wurde es besser. Die Siedler bauten feste Holzhäuser und Ställe, kauften Kühe, Hühner und weiteres Viehzeug. Claus Oesau und Rudolph Puchner eröffneten den ersten Gemischtwarenladen, weitere Geschäfte folgten in den nächsten Jahren.

Der Ort erhielt 1872 einen Eisenbahnanschluss an die Milwaukee & Northern Railroad und entwickelte sich im Laufe der Jahre zu einem Geschäftszentrum mit verschiedenen Gewerbebetrieben, Agrar- und Holzhandel, Fabrikation von Zigarren, Käse und Ziegelsteinen.

New Holstein hat heute 3.300 Einwohner und ist ein Schulzentrum mit Elementar-, Mittel- und High School sowie einer katholischen Privatschule. Nach umfassender Restaurierung wurde im Juli 2007 das „Timm House Museum“ wiedereröffnet, das die Geschichte des Ortes und der 1848 aus der Probstei eingewanderten Familie Timm zeigt. Es ist ein gründerzeitliches Bauwerk aus dem Jahre 1873 mit Erweiterungen aus den Jahren 1891/92, eingerichtet im Stil des Jahrhundertwende.

Wenige Meilen südöstlich von New Holstein liegen in Manitowoc County der Gemeindebezirk **Schleswig Township**, eine Streusiedlung von heute 1.900 Einwohnern, sowie die Kleinstadt **Kiel**; Schleswig Township hieß zunächst Able nach einem der ersten dortigen Siedler, erhielt dann aber 1857 den heutigen Namen zur Erinnerung an das Heimatland der 1854 dort angekommenen neuen Einwanderer. Der Ort Kiel wurde 1855 von Colonel Henry F. Belitz gegründet, der 1848 an den deutschen Revolutionsbewegungen als Freikorpsführer beteiligt war. Er hatte das Land, 100 acres mit dem Wasserfall des Sheboygan River, in der Hoffnung gekauft, dort mit der vorhandenen Wasserkraft einen Industriestandort aufzubauen. Zwar ließen sich dort Einwanderer aus Schleswig-Holstein, Mecklenburg und Lippe(-Detmold) nieder, es gab bald mehrere Geschäfte und auch Kleingewerbe, insbesondere nachdem die Milwaukee & Northern Railroad 1872 dort vorbeiführte, doch blieb das erhoffte ganz große Wachstum aus. Kiel ist heute ein Ort mit 3.500 Einwohnern, die zu 92 Prozent zu ihren Arbeitsplätzen in die umliegenden Großstädte pendeln.

Im Nordteil Minnesotas, etwa zehn Kilometer westlich von Little Falls, der ältesten Stadt des US-Bundesstaates, liegt die um 1865 entstandene Streusiedlung **Flensburg**. Der Wohnplatz hat heute 244 Einwohner (Census 2000) in 92 Wohngebäuden, außerdem gibt es dort ein Gemeindezentrum, ein Postamt, eine Tankstelle, ein Restaurant, ein Silo sowie einige Handwerksbetriebe.

Zur Herkunft des Ortsnamens gibt es zwei Varianten. Eine besagt, der deutsche Einwanderer Albert Bülow, der der erste Postmeister des Ortes war, habe sie nach seinem Geburtsort in Schleswig-Holstein benannt. Die andere Variante erzählt, dass J. C. Flynn in dem Ort 1882 ein Sägewerk an der neuen Bahnlinie baute; der Flecken wurde zunächst als Flynn's Landing bezeichnet, woraus dann Flynnsburg und schließlich Flensburg wurde.

Im äußersten Nordosten der USA im Bundesstaat Maine an der Atlantikküste liegt **Lubec**, ein kleiner Fischereiort mit mehreren Betrieben der Lobster- und Fischverarbeitung. Die dortige Gegend wurde bereits um 1780 von Europäern besiedelt und zunächst Eastport genannt. 1811 erhielt das Dorf den Namen Lubec nach der Hansestadt an der Ostsee. In Lubec steht der am weitesten östlich gelegene Leuchtturm der USA: West Quoddy Head Lighthouse, der einst auf Anordnung von George Washington gebaut wurde.

Im Nordwesten der USA im Bundesstaat Washington liegt in Pierce County nahe dem Eingang zu Mount Rainier National Park der Ort **Elbe** mit heute 210 Einwohnern. Die ersten Siedler kamen im Jahre 1888 in die Wälder am Nisqually River; einer von ihnen war der damals 19-jährige aus Todendorf (Kreis Stormarn) stammende Karl Lütkens, der zuvor schon einige Jahre auf der Farm seines Bruders in Kansas gearbeitet hatte und 1891 seine Eltern nachkommen ließ. Als 1892 in der Ansiedlung ein Postamt eingerichtet wurde, entschied sich die Dorfversammlung auf Vorschlag von

Abb. 33 Willkommen-Schild von Lubec (Maine), der östlichsten Stadt der USA. Mit freundlicher Genehmigung der Stadt Lubec (Maine)

Heinrich Lütkens für den Namen „Elbe“, da die meisten Siedler aus der Umgebung Hamburgs stammten.

Bekannt ist Elbe heute insbesondere wegen der 1906 von den Einwohnern erbauten „Little White Church“, die 1976 in das „National Register of Historic Places“ eingetragen wurde und über dem Eingang die deutsche Inschrift „Ev. Luth. Kirche“ trägt. Die Kirche ist 7,32 m lang und hat Platz für 46 Personen, in dem 14 m hohen Turm hängt als Kirchenglocke eine alte Lokomotiv-Glocke. Noch heute findet dort alljährlich von März bis November an jedem dritten Sonntag im Monat um 14.30 Uhr ein Gottesdienst statt.

Von Elbe führt heute eine Museumsbahn zum Mount Rainier National Park, die mit Dampflokomotiven und historischen Eisenbahnwagen betrieben wird.

Der deutsche Arzt Gottfried Duden, der 1824 nach Amerika ausgewandert war und eine Farm ca. 60 Meilen westlich von St. Louis nahe dem Zusammenfluss von Mississippi und Missouri erworben hatte, schrieb über seine Erfahrungen den „Bericht über eine Reise nach den westlichen Staaten Nordamerika’s und einen mehrjährigen Aufenthalt am Missouri (in den Jahren 1824, 25, 26 und 27), in Bezug auf Auswanderung und Uebervölke-

Abb. 34 Elbe (Washington), Evangelisch-lutherische Kirche, erbaut 1906. Die evangelisch-lutherische Gemeinde Elbe wurde bereits 1893 durch Siedler gegründet. Die Kirche ist Sitz des Propsten, der einmal im Sommer einen Gottesdienst hält und nach überlieferter Sitte mit dem Fahrrad kommt. Von März bis Ende November findet monatlich einmal ein Gottesdienst statt. Die Kirche ist als Denkmal im US-Nationalregister eingetragen.

rung", der 1829 in Deutschland erschien. Dieses Buch hatte einen unglaublichen Erfolg, es wurde zu einem starken Impuls für die weitere Auswanderung.

Auch der 1786 in Lübeck geborene Johann Wilhelm von Bock, der 1809 das Gut Dutzow bei Gadebusch (Mecklenburg) gekauft hatte, las Dudens Bericht und beschloss, in dem so ausdrucksvoll beschriebenen Lake Creek Valley in Missouri ein Grundstück zur Gründung einer „rein deutschen Stadt" kommunistischer Prägung zu erwerben. Er verkaufte das Gut Dutzow und ließ über seinen in die USA vorausgeschickten Schwiegersohn Friedrich Rathje 1832 in dem Lake Creek Valley eine Fläche von 252 acres kaufen, die an Dudens Besitztum grenzte. 1833 kam von Bock dort an und teilte seinen Grundbesitz in mehrere Grundstück für die neue Stadt auf – er gab ihr den Namen **Dutzow** zur Erinnerung an seinen früheren mecklenburgischen Besitz. In den folgenden Jahren kamen viele Auswanderer hauptsächlich aus Hannover, Oldenburg, Westfalen und dem Rheinland nach Dutzow, das so eine starke katholische Prägung erhielt. Bocks Traum von einer „deutschen Stadt“ mit deutscher Gesittung und deutscher Sprache wurde zwar nicht wahr, doch ist in dem Ort und dem umgebenden Warren County noch heute die deutsche Überlieferung zu spüren.

Ca. zehn Meilen westlich von Dutzow, ebenfalls in Warren County liegt inmitten einer landwirtschaftlich geprägten Gegend der Wohnplatz **Holstein**, eine Ansammlung einiger Wohn- und Wirtschaftsgebäude. Südlich des Missouri River erinnert ein weiterer Wohnplatz an seine schleswig-holsteinischen Gründer: **Kiel** in Franklin County.

Eine weitgehend durch mecklenburgische Einwanderer geprägte Gemeinde ist das 1853 gegründete **Francesville** in Pulaski County (Indiana); der Ort erhielt seinen Namen nach der Tochter Frances des damaligen Eisenbahnpräsidenten Brooks. In den umliegenden Townships Beaver, Salem und White Post siedelten um 1860 viele gebürtige Mecklenburger als „Homesteader“, für die Francesville mit der 1876 erbauten St.-Jakobi-Kirche und der ein Jahr später gegründeten Schule zu einem ländlichen Zentrum wurde. Viele der heute 900 Bewohner Francesvilles und Farmer in den umliegenden Townships sind stolz auf ihre Abstammung und bezeichnen sich heute als „Mecklenburg Germans“.

Abb. 35 Dutzow (Missouri), Willkommen-Schild mit dem Hinweis „Erste deutsche Einwanderersiedlung in Missouri, 1832“. Mit freundlicher Genehmigung von Urban „Chick“ Ruether, Dutzow

Pastoren für Amerika

Mit den vielen tausend Einwanderern aus Deutschland entstanden in den USA auch viele evangelische Gemeinden, die deutschsprachige Pastoren benötigten. 1881 trat ein großer Mangel an deutschen Pastoren ein, und die Missionskomitees von New York und Philadelphia baten dringend, deutsche Pastoren nach Amerika zu entsenden. Es waren zwei Dorfpastoren in Schleswig-Holstein, die zur Tat schritten.

In Breklum gründete zu Ostern 1882 Pastor Christian Jensen das „Evangelisch-lutherische Predigerseminar für Amerika“ und etwa zeitgleich eröffnete Pastor Johannes Paulsen in Kropp am 1. Mai 1882 das „Evangelisch-lutherische Predigerseminar für das Ausland“. Von Breklum aus wurden die jungen Pastoren an die seit 1821 bestehende „Generalsynode der Lutherischen Kirche in Amerika“ gesandt, von Kropp aus an das 1867 entstandene „Generalkonzil der Amerikanischen Lutherischen Kirche“ – beide schleswig-holsteinischen Predigerseminare arbeiteten von 1882 bis 1920 völlig getrennt und unabhängig voneinander.

Beide Seminarleiter reisten mehrfach in die USA, Paulsen sechsmal in den Jahren 1882 bis 1909, Jensen zweimal in den Jahren 1882 und 1894. Diese Reisen dienten der Zusammenarbeit mit den amerikanischen kirchlichen Stellen sowie der Information der evangelischen Kirchen in den USA und „ihrer“ Pastoren. Die Reisen waren mit zahlreichen Predigten verbunden, davon bei Paulsens letzter Rundreise ein Drittel auf Plattdeutsch. Häufig waren die Seminarleiter auch Gast bei schleswig-holsteinischen Auswanderern.

Ausführlich berichtet Jensen in seinem 1895 erschienenen Buch „Eine viermonatliche Reise nach Amerika“ über die Eindrücke und Erlebnisse seiner Reise im Jahre 1894. „In Platteville logierte ich bei einem schleswig-holsteinischen Farmer aus der Gegend von Lütjenburg. Er war bereits Mitte der vierziger Jahre nach Amerika ausgewandert ... Jetzt besaß er eine Farm von ca. 600 Ackern (acres), die er verpachtet hatte. Ein schönes Haus hatte er sich in der Stadt erworben und lebte im Alter von seinen Renten.“ Jensen traf auf seiner Reise immer wieder Landsleute; „in Chancy und Clinton wohnen viele Schleswig-Holsteiner, vor allem viele von unserer Westküste und sogar aus der Breklumer Gemeinde. Noch des Abends machte ich einzelne Besuche bei Bekannten, und am andern Nachmittag war mir von einem aus der Breklumer Gemeinde ein leichtes Fuhrwerk zur Verfügung gestellt“. Von Davenport, das Jensen als „Stadt der Holsteiner“ bezeichnete, war er jedoch nicht sehr angetan. „Davenport gehört zu den unkirchlichsten Städten Amerikas. Die Bevölkerung scheint im großen und ganzen für Gottes Wort erstorben zu sein; der Dollar ist ihr Gott und der Kirchhof ihre Ewigkeit ... Wenn man durch die Straßen ging und dieses große schleswig-holsteinische Volk sah, konnte einem in dieser Erinnerung wehe ums Herz werden ...“

Abb. 36 Johannes Paulsen, um 1910. Stiftung Diakoniewerk Kropp, Kropp

Pastor Paulsen besuchte auf seinen Amerika-Reisen hauptsächlich ehemalige „Schüler" aus Kropp – 1906 waren es 184 Pastoren in Städten und Landdistrikten. Er reiste mit Eisenbahn, Schiff, Pferdebahn und -fuhrwerken, einmal auch mit dem Auto.

„Ich fuhr 25 Meilen weit ins Land hinein an den Ufern des Ohio nach der Station Rochester in Pennsylvanien. Als ich hier ausstieg vor der großen Brücke stand ein anderer Farmer vor mir und sagte: ‚Sie sind Pastor Paulsen. Dann nur schnell in den Wagen, denn der Gottesdienst hat schon in der Kirche angefangen!' ... wir hörten Gesang; ich trat ein, meinen Amtsrock über den Arm, und mir entgegen trat ein Geistlicher, den ich nicht wiedererkannte. Pastor Barner mußte mir seinen Namen nennen; wir hatten uns in 22 Jahren nicht gesehen. Ich mußte gleich auf die Kanzel steigen ..."

Beide Predigerseminare erhielten in späteren Jahren aus den USA finanzielle Unterstützung; in den 1920er Jahren waren es jährlich $ 4.500 pro Seminar.

Noch während des Ersten Weltkrieges – im Jahre 1918 – wurden die beiden amerikanischen Kirchenorgane zur „United Lutheran Church in America" (Vereinige Lutherische Kirche in Amerika) verschmolzen. Eine rechtliche Verpflichtung zu weiterer finanzieller Unterstützung bestand nicht mehr. So kam es 1920 zu einem Vertrag zwischen der United Lutheran Church in America und den beiden Seminaren in Breklum und Kropp, der die Seminare ungeachtet der beiden Standorte zu einer Einheit unter einem Vorstand zusammenfasste. Das Predigerseminar bestand nun aus einem

Abb. 37 Christian Jensen. Schleswig-Holsteinische Landesbibliothek

Proseminar in Breklum und der abschließenden dreijährigen Ausbildung in Kropp. In den meisten Fällen schloss sich dann ein Nachstudium von vier Semestern an einem amerikanischen Seminar mit praktischer Gemeindearbeit an.

In den USA waren inzwischen ausreichend kirchliche Ausbildungsstätten entstanden. Die Synode der United Lutheran Church in America beschloss daher am 13. Oktober 1930 in Milwaukee, „die friedliche Lösung unserer Verbindung mit Kropp und Breklum herbeizuführen". Nach dem Examen des letzten Jahrgangs schloss das vereinigte Breklum-Kropper Predigerseminar am 30. Juni 1931 endgültig seine Pforten.

Bis zum Jahre 1931 wurden in Kropp 472 Pastoren ausgebildet, für das Breklumer Seminar sind 487 Männer verzeichnet. Es gingen jedoch nicht alle nach Amerika, einige fanden in ihren alten Beruf zurück, andere verließen das Seminar ohne Abschlussexamen, weil sie die Anforderungen nicht erfüllten – insgesamt haben ca. 500 Pastoren aus den beiden schleswig-holsteinischen Seminaren ihren Weg zu Gemeinden in den USA gefunden. Die Absolventen der Predigerseminare von Breklum und Kropp waren in Nordamerika hochgeschätzt, sie haben sich dort in ihrer Arbeit bewährt.

Literatur und Literaten

Das Erlebnis Amerika fand seinen Niederschlag auch in Reiseberichten und Romanen, kaum jedoch in der Lyrik. Die Zeitschriften des 19. Jahrhunderts wandten sich mit Erzählungen und Bildern über die USA an eine breite Leserschaft; häufig waren es mit Träumereien ausgeschmückte romantische Geschichten. Für die Daheimgebliebenen waren die Auswanderer in Nordamerika und ihre Siedlungen ein gesuchtes Thema.

Große Bekanntheit erlangte in der zweiten Hälfte des 19. Jahrhunderts der 1816 in Hamburg als Sohn eines Opernsängers geborene Friedrich Gerstäcker. Er wanderte 1837 nach Amerika aus und führte dort ein abenteuerliches Leben als Matrose, Jäger, Farmer, Koch, Holzfäller und Hotelier. Seine spannenden Abenteuerromane fanden wegen ihrer authentischen Landschafts-, Milieu- und Kulturschilderungen bei Auswanderern große Beachtung. Gerstäckers bekannteste Werke sind „Streif- und Jagdzüge durch die Vereinigten Staaten Nordamerikas" (1844), „Die Flusspiraten des Mississippi" (1848) und „Nach Amerika! Ein Volksbuch" (1855).

Weniger bekannt geworden ist Balduin Möllhausen, der 1849 im Alter von 24 Jahren Deutschland verließ. Seine detailreichen Novellen und Erzählungen sowie seine Bilder geben einen lebhaften Einblick in die Lebenswirklichkeit des „Wilden Westens" um die Mitte des 19. Jahrhunderts.

1881 reiste der damals 26-jährige Rudolf Cronau (1855–1939) im Auftrag der Zeitschrift „Gartenlaube" nach Amerika; die Illustrierte brachte seine Berichte und Bilder in einer Serie von zwölf Artikeln in den Jahren 1881 bis 1883. Cronau wanderte 1891 nach Amerika aus, war zunächst Korrespondent der „Gartenlaube" bei der Weltausstellung in Chicago, lebte später als freier Künstler und Schriftsteller in New York.

Friedrich Gerstäcker, Balduin Möllhausen und Rudolf Cronau waren mit ihren Romanen, Schilderungen und Bildern eine wichtige Quelle für Karl May, der von ihren Schriften stark profitierte, Fakten und Fiktion geschickt vermischte. Karl May wurde im Übrigen viel erfolgreicher als seine amerikaerfahrenen „Kollegen".

Die wirtschaftliche Not, die sozialen und politischen Ungerechtigkeiten drängten im 19. Jahrhundert auch viele mecklenburgische Tagelöhner, Landarbeiter und ländliche Handwerker in eine ausweglose Situation. Das Verlassen der Heimat, die Auswanderung blieb meist als letzte Hoffnung. Fritz Reuter (1810–1874) greift in seiner leidenschaftlichen, sozialkritischen Versdichtung „Kein Hüsung" aus dem Jahre 1857 diese Problematik auf. Der Hauptheld erschlägt seinen Gutsherrn, der ihm aus verschmähter Liebe die Hüsung (Niederlassungsrecht) als Voraussetzung für die Eheschließung verweigert, und flieht in die USA – „Amerika! Dor ward sei fri", und nahezu prophetisch heißt es gegen Ende der Verserzählung von Gott: „Up sin Gebot / Teihn [= ziehen] Dusend nah Amerika, / Un dusend Anner folgen nah."

Abb. 38 Umschlagbild zu „Jürnjakob Swehn der Amerikafahrer" von Johannes Gillhoff (dvt-Großdruck, Bd. 25185). Mit freundlicher Genehmigung des Deutschen Taschenbuch Verlages GmbH, München

„Jürnjakob Swehn der Amerikafahrer" ist der Titel des 1917 erschienenen Romans des Mecklenburger Schriftstellers Johannes Gillhoff (1861–1930). Der Roman ist einer der großen deutschen Bucherfolge, ein Bestseller bis heute. 1919 wurde das erste Hunderttausend erreicht, inzwischen liegt die Gesamtauflage bei mehr als einer Million Exemplare. Das Buch wurde ins Niederländische übersetzt, seit 2000 liegt auch eine in den USA erschienene englische Übersetzung „Letters of a German American Farmer – Jürnjakob Swehn travels to America" von Richard Trost vor.

Gillhoff schildert in seinem Roman das Schicksal eines mecklenburgischen Tagelöhnersohnes, der 1868 in die USA auswandert und in Iowa eine eigene Farm erwirbt. Es ist eine Erfolgsgeschichte. In einfachen Worten – halb hochdeutsch, halb plattdeutsch mit eingestreuten englischen Begriffen – schildert der biedere Swehn in Briefen an seine Freunde in der alten Heimat sein bewegtes Leben voller Arbeit, in Bescheidenheit und Ehrlichkeit, wobei ein hintergründiger Humor Platz greift.

Johannes Gillhoff, dessen Brüder Theodor und Gottlieb in die USA ausgewandert und dort Lehrer bzw. Farmer waren, erhielt von seinem Vater, der von 1854 bis 1908 Lehrer in dem Dorf Glaisin bei Ludwigslust gewesen war, zahlreiche Briefe, die Glaisiner Auswanderer ihm als ihren ehemaligem Lehrer geschickt hatten. Diese Briefe hat Gillhoff dann literarisch zu dem Roman verarbeitet.

Der Roman basiert auf Tatsachen, denn historisches Vorbild für Jürnjakob Swehn, die Hauptfigur des Romans, ist Carl Wiedow (1847–1913) aus dem mecklenburgischen Kirchspiel Eldena, der 1868 nach Amerika auswanderte, es dort zu Wohlstand und Ansehen brachte und in dem ländlichen Ort Victor in Iowa – nördlich von Davenport – eine Farm besaß. Die Farm ist heute noch in Familienbesitz. Carl Wiedow und seine Frau Elizabeth, die er in New York kennengelernt hatte und die mit ihren Eltern ebenfalls aus Mecklenburg ausgewandert war, fanden ihre letzte Ruhestätte auf dem St. John's Friedhof nahe Victor.

Jürnjakob Swehn kauft in dem Roman eine Farm in Springfield – dieser Ort ist keine Fiktion Gillhoffs, sondern es hat ihn einst in der Nähe von Victor im südwestlichen Iowa County in Lincoln Township gegeben, auf alten Karten ist er noch verzeichnet. Heute jedoch existiert er nicht mehr.

Aus Gillhoffs Heimatort Glaisin wanderten von 1852–1898 ca. 170 verarmte Dorfbewohner nach Amerika aus, viele von ihnen siedelten in Victor – so finden wir die Namen Hansen, Timmermann, Schroeder, Schultze, Fruendt aus Gillhoffs Roman als Farmer in Victor und auf vielen Grabsteinen des nahen lutherischen Friedhofes in Iowa County.

Bei einem Deutschland-Besuch fand Theodor Gillhoff das Fragment seines Bruders Johannes zu einem zweiten Amerikaroman, den er dann vollendete und 1957 unter dem Titel „Möne Markow, der neue Amerikafahrer" herausgab. Er reicht jedoch weder in Sprache und Ausdruck noch von Inhalt und Gestaltung an Gillhoffs bekanntes Werk heran.

Abb. 39 Victor (Iowa), St. John's Cemetery, Grabstein von Carl und Elisabeth Wiedow. Carl Wiedow, das historische Vorbild für Gillhoffs Jürnjakob Swehn, wanderte 1868 als 20-Jähriger von Glaisin in die USA aus. Wiedow hatte zunächst eine Farm in Clayton County (Iowa), ab 1881 in Iowa County, die heute noch von Nachkommen bewirtschaftet wird. Mit freundlicher Genehmigung von Heinz Rehn, Kiel

Die Zerrissenheit eines Emigrantenschicksals zwischen alter und neuer Heimat war in jüngster Zeit Gegenstand der deutschen Literatur mit dem Roman „Jahrestage“ von Uwe Johnson (1934–1984). Übergangslos fließen zwei Zeitebenen in zwei Regionen mit großer Detailfülle ineinander: Amerika und Mecklenburg. Mosaiksteinartig erzählt wird die Geschichte, das sind Kindheit und Jugend, der Gesine Cresspahl aus dem mecklenburgischen Kleinstädtchen Jerichow vor dem Hintergrund des gemeinsamen Lebens mit ihrer Tocher in New York. In dem Gesamtbild einer Epoche zeigt Johnson mit Gesine Cresspahl eine Frau, die überall eine Fremde bleibt, weil sie die Heimat mit den Menschen, die sie liebte, verloren hat, die Erinnerung daran aber nicht los wird und dieser Verlust ihr Lebensbegleiter ist.

Uwe Johnsons Roman wurde 2000 in vier Teilen unter demselben Titel von Margarethe von Trotta für das Fernsehen verfilmt. Als „ein gefühlvoller Bilderbogen über deutsche Schicksale“ wurde der Film, in dessen Hauptrollen Suzanne von Borsody, Matthias Habich, Axel Milberg und Hanns Zischler zu sehen sind, anerkennend und lobend aufgenommen.

Kaum bekannt ist in Deutschland der aus Mecklenburg stammende Farmer und Dichter Johannes Romberg. Er wurde 1808 in Alt Bukow bei Bad Doberan geboren und heiratete nach zehnjähriger Verlobungszeit Friederike Banda, die Tochter seines Schweriner Lehrherrn und Kaufmanns. 1847 wanderten die Eheleute von Boizenburg nach Amerika aus, und einen Tag vor Ankunft des Schiffes wurde ihr erstes Kind geboren. Das Ehepaar verbrachte in Texas ein freies Pionierdasein und lebte zuletzt auf einer Farm bei Black Jack Springs in Fayette County. Dort gründete Romberg um 1857 den deutschsprachigen Literaturkreis „Prärieblume“, dessen Mitglieder deutsche Einwanderer aus der Umgegend waren.

Romberg, der 1891 auf seiner Farm am San Bernarnd River verstarb, gilt in den USA als einer der bedeutendsten deutsch-amerikanischen Poeten. Er schrieb viele Gedichte, überwiegend in deutscher Sprache. 1900 erschien in Dresden und Leipzig posthum eine Sammlung seiner Gedichte. Seine Dichtung ist inspiriert von seiner neuen Heimat Texas, in vielen Versen, wie z. B. „Auswanderer“, „An Deutschland“ oder „Die Deutschen“, klingt sein Emigrantenschicksal an.

Erfolgreiche Auswanderer – Beispiele

Die meisten Einwanderer haben in den USA ihre Hoffnungen erfüllen können; sie fanden zumindest ihr tägliches Auskommen und konnten Grundeigentum erwerben, viele hatten wirtschaftlichen Erfolg und erlebten einen sozialen Aufstieg in Freiheit. Die Einwanderer passten sich den regionalen Eigenheiten ihres Heimatlandes, dem „American Way of Life“, an, sie wurden zu geachteten Bürgern, die am gesellschaftlichen, kulturellen und politischen Leben der USA teilnahmen, es teilweise auch prägten.

Das höchste politische Amt, das ein schleswig-holsteinischer Einwanderer in den USA je erlangte, war die Stellung als Vizegouverneur eines Bundesstaates. **Nicolas J. Rusch**, der als Claus Johann Rusch im Jahre 1822 in St. Michaelisdonn (Dithmarschen) geboren wurde, war 1847 in einer Gruppe von 227 Schleswig-Holsteinern nach Iowa ausgewandert. In den folgenden Jahren war er an der Gründung der Republikanischen Partei beteiligt, bewährte sich als gewandter Parlamentarier und war bis 1859 in der sechsten und siebten Session Staatssenator in Iowa. In jenem Jahr wurde er als ein entschiedener Gegner der Sklaverei mit großer Mehrheit zum Vizegouverneur von Iowa gewählt.

Abb. 40 Nicolas Rusch als Offizier (Captain) der US-Army, 1862. Rusch hatte als Vizegouverneur von Iowa in den Jahren 1860 bis 1862 das höchste politische Amt in den USA inne, das je ein gebürtiger schleswig-holsteinischer Einwanderer erreichte.

*Abb. 41 Hans Reimer Claussen, um 1860. Schleswig-Holsteinische Landesbibliothek, Kiel.
Claussen, einer der führenden politischen Köpfe in Schleswig-Holstein in den 1840er Jahren, war nach seiner Auswanderung in die USA einer der profiliertesten republikanischen Führer in Iowa. Mit Nicolas Rusch trat er für die Kandidatur Abraham Lincolns für das Präsidentenamt der USA ein.*

Rusch gehörte wie sein deutscher Landsmann Carl Schurz zu den Wegbereitern der Kandidatur von Abraham Lincoln für das Präsidentenamt. Auf Wunsch des Gouverneurs Kirkwood übernahm Rusch im Mai 1860 das neue Amt des Einwanderungskommissars von Iowa in New York, wo er im Hause Battery Place 10 ein Büro eröffnete, das schnell zum Anlaufpunkt zahlreicher deutscher Einwanderer wurde.

Die Bürger Nebraskas wollten Rusch zu ihrem Gouverneur wählen und hatten sich deswegen in mehreren Petitionen an Präsident Lincoln gewandt, doch der Bürgerkrieg verhinderte die Kandidatur. Rusch trat 1862 mit dem Rang eines Hauptmanns in die Armee der Nordstaaten ein, wo er die Pläne für ein gut funktionierendes Nachschubsystem ausarbeitete. Am 22. September 1864 erkrankte er plötzlich bei Vicksburg (Mississippi) und starb noch am selben Tage. „Rusch war ein nobler Mensch und den Deutschen, die in den 1840er Jahren in die USA einwanderten, ein guter Freund. Seine Landsleute verloren mit ihm einen kraftvollen Führer und Pionier“, lautete wenige Jahre später ein „deutsches“ Urteil in Iowa.

Ein Weggefährte Ruschs auf politischer Ebene in den USA war sein Landsmann **Hans Reimer Claussen**, der im Februar 1804 in Fedderingen (Dithmarschen) als Bauernsohn geboren wurde. Während der Schleswig-Holsteinischen Erhebung von 1848/51 und als Abgeordneter der Nationalversammlung in Frankfurt a. M. hatte er sich einen Namen als wortgewaltiger, angriffslustiger und scharf formulierender Rechtsvertreter gemacht. Der Ausweisung aus seinem Heimatland durch den König von Dänemark kam Claussen zuvor, indem er Mitte Juli 1851 in die USA emigrierte. In seiner neuen Heimat Iowa zählte er zu den „Forty-Eighters“, die bald politisch aktiv wurden. Mit Rusch bewirkte Claussen, dass die deutschen Republikaner im Mai 1860 in Chicago für das Präsidentenamt Abraham Lincoln nominierten.

Nachdem Claussen von 1858 bis 1862 schon das Amt des Friedensrichters in Scott County (Iowa) bekleidet hatte, erreichte er 1869 mit der Wahl zum Staatssenator in Iowa sein höchstes politisches Amt, das er bis 1873 innehatte. Im Jahre 1871 hatte er seine Rechtsanwaltspraxis in Davenport (Iowa) seinem Sohn übergeben und besuchte in jenem Jahr noch einmal mit seiner Frau die frühere Heimat Schleswig-Holstein. Doch er lehnte die aufblühende Kaiserherrlichkeit jener Jahre ab, er war Demokrat geblieben. Wenige Tage nach seinem 90. Geburtstag starb Claussen in Davenport. Die Totenfeier fand im Hause seines Schwiegersohnes Christian Müller statt, eines Heiligenhafener Bäckersohnes und Teilnehmers an der Schleswig-Holsteinischen Erhebung, der in Davenport das heute noch bestehende Holzhandelsunternehmen Mueller Lumber Company begründet hatte.

Ein Wissenschaftspionier und Naturforscher von Weltruf war der 1836 in Lunden (Dithmarschen) geborene **Gustav Dethlef Hinrichs**, dritter von sechs Söhnen des Lundener Flecken- und Stadtmusikus. Hinrichs war schon in jungen Jahren politisch stark interessiert. Als Dreizehnjähriger lief er von zu Hause weg und nahm als Trommlerknabe in der Schleswig-Holsteinischen Armee an der Schlacht bei Idstedt am 25. Juli 1850 teil. Er studierte später an der Polytechnischen Lehranstalt, danach an der Universität in Kopenhagen Mathematik, Physik und Chemie. Da ihm das Ministerium in Kopenhagen die 1860 beantragte Entlassung aus dem „Unterthanen- und Militärverband“ versagte, heiratete er umgehend seine Jugendliebe, und bereits im Mai 1861 fuhr das junge Paar mit dem HAPAG-Schiff „Donau“ von Hamburg nach New York mit dem Ziel Davenport. Schon 1864 erfolgte Hinrichs' Berufung an die State University of Iowa in Iowa City, ohne dass er einen über das Universitätsstudium hinausgehenden akademischen Abschluss und insbesondere auch nicht promoviert hatte.

Hinrichs verbesserte die naturwissenschaftliche Ausbildung an der Universität von Iowa, hielt zahlreiche Vorträge und stand in wissenschaftlichem Gedankenaustausch mit zahlreichen Gelehrten in den USA und Europa. 1875 begann er mit der Einrichtung eines Wetterbeobachtungsdienstes in Iowa, der ersten derartigen Einrichtung in den USA, und war bis 1888 Direktor des Iowa Weather Service.

Schwierigkeiten mit der Universitätsleitung führten zu seiner Entlassung, und Hinrichs wechselte daraufhin 1889 auf den Lehrstuhl für Chemie am St. Louis College of Pharmacy in St. Louis im US-Bundesstaat Missouri. 1893 übernahm er zusätzlich noch den Lehrstuhl für Chemie an der St. Louis University.

Hinrichs war ein Forscher von phänomenaler Vielseitigkeit und Begabung. Seine mehr als 300 Veröffentlichungen beziehen sich u. a. auf geophysikalische, astronomische, meteorologische, geologische, physikalische,

Abb. 42 Gustav Dethlef Hinrichs im Jahre 1907 in St. Louis (Missouri). Der 1836 in Lunden geborene Hinrichs war ein Naturforscher von Weltruf, ein kosmopolitisch handelnder Naturwissenschaftler.

chemische und geographische Themen. Er war befreundet mit Marcelin Pierre Eugène Berthelot, dem bedeutendsten französischen Chemiker des 19. Jahrhunderts, und korrespondierte mit Charles Darwin, Joseph Henry, Justus von Liebig, Dimitrij Mendelejew und dem herausragenden Mineralogen Wilhelm Ritter von Haidinger. Hinrichs vermutete unterhalb der Ebene der Atome kleinere Bausteine der Materie, eine Vorstellung, die sich dann erst in der Physik des 20. Jahrhunderts durchsetzte.

Hinrichs, der um 1900 einer der führenden Chemiker der USA war, starb 1923 in seinem Haus in St. Louis, wo er mit seinem Sohn Carl Gustav – ebenfalls Professor der Chemie – nach seiner Emeritierung ein privates chemisches Labor betrieben hatte. „Es war ein beeindruckendes Bild, das dort im Zimmer meiner Eltern an der Wand hing; es zeigte ihn mit steifem, vorn umgelegten spitzen Hemdkragen, einem van-Dyck-Bart und einem Strahlen in den Augen … Das alles schon war ein Glanz und ein Zauber“, erinnerte sich 23 Jahre nach seinem Tode seine Urenkelin Jeanne.

Den Traum vieler Auswanderer, „vom Tellerwäscher zum Millionär“ aufzusteigen, erfüllte sich der 1855 in Husum geborene New Yorker Juwelenhändler **Ludwig Nissen**. Der Sohn eines Husumer Reepschlägers wanderte als 16-Jähriger nach New York aus, wo er sich neun Jahre als Teller-

Abb. 43 Ludwig Nissen (rechts) und sein Bruder Fritz (links) in New York um 1872. Mit freundlicher Genehmigung von Dr. Paul-Heinz Pauseback, Husum

wäscher, Stiefelputzer, Schlachter, Kellner und Kassierer durchschlug. Im Mai 1881 eröffnete er mit dem aus Hamburg stammenden Diamantensetzer Fred Schilling eine Juwelenhandlung, die einen schnellen Aufschwung nahm. Schon bald konnte Nissen sein Geschäft in die vornehmste Straße New Yorks, die Fifth Avenue, verlegen.

Nissen wurde Millionär und gelangte zu gesellschaftlichem Ansehen und Einfluss. 1895 avancierte er zum Präsidenten der Vereinigung der Juwelenhändler New Yorks, 1900 wurde er Schatzmeister der New Yorker Staatskommission für die Weltausstellung in Paris. Ludwig Nissen hatte engen Kontakt zu den amerikanischen Präsidenten Theodore Roosevelt, William Howard Taft und Calvin Coolidge.

Nissen war Amerikaner geworden, in New York galt er als „echter Patriot". Dennoch nahm er bei Ausbruch des Ersten Weltkrieges Partei für das deutsche Kaiserreich.

Sein Vermögen und seine Sammlungen stiftete der kinderlos gebliebene Ludwig Nissen seiner Geburtsstadt Husum für den Bau eines Museums, das auch Volkshaus und Kunstgalerie sein sollte. Die Verwirklichung seines Wunsches erlebte Nissen jedoch nicht mehr, er starb im Oktober 1924 in Brooklyn. In den Jahren 1933 bis 1937 wurde das nach ihm benannte Ludwig-Nissen-Haus in Husum nach einem Entwurf des Eiderstedter Architekten Georg Rieve erbaut. Dort wird unter der Kuppel der Rotunde die Asche des Ehepaares Ludwig und Katharine Nissen bewahrt.

Nachdem **Henning von Minden**, der 1826 als Sohn eines Tierarztes in Flensburg geboren war, im Mai 1850 als Gefreiter aus der Schleswig-Holsteinischen Armee entlassen war, setzte er zunächst in Kiel sein Studium fort und erhielt 1852 sein Zeugnis als Landmesser. Da er in Schleswig-Holstein jedoch keine Anstellung finden konnte, wanderte er 1856 in die USA aus. Ein Jahr später ließ er seine Braut Elise Bachmann aus Neumünster nachkommen. Das Paar wurde in St. Paul (Minnesota) getraut, wo von Minden als First Geometer (Erster Landmesser) angestellt war.

Bei Ausbruch des Bürgerkrieges im Jahre 1861 trat von Minden als Freiwilliger in die Armee der Nordstaaten ein und wurde nach vierzehntägiger Dienstzeit zum Captain im Fifth Iowa Cavalry Regiment bestellt. Bei den Kämpfen der Unionstruppen in Tennessee geriet er zweimal – 1862 und 1863 – in Gefangenschaft.

Abb. 44 Henning von Minden als Major in der US-Army, um 1863. Henning von Minden hatte als Freiwilliger in der Schleswig-Holsteinischen Armee von 1848/51 gedient und war im Herbst 1855 in die USA ausgewandert, wo er sich einen hervorragenden Ruf als Landmesser erwarb.

1864 wurde in Fort Snelling (Minnesota) ein Kavallerie-Bataillon zusammengestellt, das im Nordwesten an der Indian Expedition gegen die Sioux-Indianer eingesetzt wurde; der inzwischen zum Major beförderte Henning von Minden wurde dabei als topographischer Pionier-Offizier zum Stab von Generalmajor Alfred Sully (1821–1879) abkommandiert. Das Korps Sully brach im Juni 1864 von Sioux City (Iowa) am Missouri auf und drang weit nach Westen bis zum Yellowstone River in Montana vor. Im Rahmen dieses Kommandos führte von Minden zahlreiche topographische Aufgaben durch. An dem den Hidatsa-Indianern heiligen Medicine Rock bei Elgin (North Dakota) erinnert seit 1963 eine Gedenktafel daran, dass von Minden 1864 die erste Karte jener Region anfertigte.

Im Mai 1866 kehrte Henning von Minden zu seiner Familie nach St. Paul zurück; er war dort als Chefkartograph im Surveyor General's Office (Hauptvermessungsamt) tätig und hatte bereits die Vorbereitungen zum Besuch der alten Heimat mit seiner Familie getroffen, als er plötzlich am Ersten Weihnachtstag des Jahres 1872 starb.

In ganz anderer Weise den Indianern, im wesentlichen den Crow- und Cheyenne-Indianern, verbunden war der im November 1878 in Lunden (Dithmarschen) geborene **W. H. D. Koerner** (Wilhelm Heinrich Detlev Körner), der 1881 mit seinen Eltern in die USA kam und als Maler des „Wilden Westens" bekannt wurde. In seinem Geburtsort erinnert eine im Jahre 2003 an dem Haus Friedrichstraße 45 angebrachte Gedenktafel an den Künstler, der mit seinen Illustrationen heute noch Kostümvorlagen der vielen Western-Filme beeinflusst.

W. H. D. Koerner wuchs in Clinton (Iowa), der Stadt am Mississippi, auf, wo sein Vater eine Schuhmacherwerkstatt und ein Schuhgeschäft betrieb. Seine künstlerische Laufbahn führte Koerner über das Art Institute of Chicago, wo er sich als Bildreporter der „Tribune" das Geld für sein Studium verdiente, Battle Creek (Michigan), New York und Wilmington (Delaware) nach Interlaken (New Jersey). Die Sommermonate verbrachte W. H. D. Koerner mit seiner Familie seit 1922 meist auf der Spear O'Ranch seines Freundes Phil Spear nahe Lodge Grass in den Rocky Mountains in Montana. Hier beobachtete Koerner die Cowboys bei ihrer Arbeit, die Menschen, die Tiere; er war ein Freund der Rancher, der Crows und Cheyennes. Aus den dort gefüllten Skizzenbüchern schuf Koerner dann in seinem Atelier die lebensnahen Illustrationen für Romane, die „Saturday Evening Post" und andere Magazine. Koerners Roman-Illustrationen vermittelten über mehrere Jahrzehnte Millionen Menschen in den USA das Bild des Westens mit den Indianern und Pionieren, Rinder- und Mustangherden und einer einzigartigen Landschaft. W. H. D. Koerner, der in seinen letzten Lebensmonaten gelähmt war, starb im August 1938.

Koerner hat für die „Saturday Evening Post" von 1917 bis zu seinem Tode 1.311 Illustrationen geschaffen, insgesamt für alle großen US-Magazine mehr als 2.400 Illustrationen in Öl, Kreide, Pastell- und Wasserfarben

Abb. 45 W. H. D. Koerner bei der Arbeit in seinem Atelier in Interlaken (New Jersey), um 1930. Mit freundlicher Genehmigung von W. H. D. Koerner III., Pittsburg/PA. Der aus Lunden gebürtige Koerner war einer der großen Maler des „Wilden Westens“. Seine Bilder befinden sich heute in zahlreichen bedeutenden Kunstsammlungen und Museen der USA.

oder einem Gemisch dieser Techniken. Über 50 Bücher hat er illustriert. Sein Gesamtwerk wird auf ca. 2.600 Bilder geschätzt.

Koerners Atelier wurde nach Cody (Wyoming) versetzt und dort als dauerhafter Bestandteil der 1959 eröffneten Whitney Gallery of Art des Buffalo Bill Historical Center wieder aufgebaut. Seine Staffelei, seine Malutensilien und Farben, die ganze Palette der einst von ihm zusammengetragenen Gegenstände sind dort in ursprünglicher Art aufgestellt, seine bekanntesten Bilder zu sehen.

Das Gutspächter-Ehepaar Gustav Hinrich und Johanne Voget auf Harzhof bei Eckernförde hatte eine seltsame Ahnung: ein großes Unglück werde bald über Deutschland hereinbrechen. Sie wollten nicht, dass ihre Kinder davon betroffen würden, und so drängten sie insbesondere die Söhne zur Auswanderung in die USA. **Garfield Voget**, benannt nach dem vom Vater verehrten und wenige Tage vor seiner Geburt ermordeten 20. Präsidenten der USA James A. Garfield, wurde am 24. September 1881 auf Gut Harzhof geboren. Im November 1901 verließ Garfield mit seinen Geschwistern Carl und Bertha das elterliche Haus, um den Brüdern Julius, Octavius und Fred in die USA zu folgen. Mit dem 1899 erbauten HAPAG-Dampfer „Graf

Abb. 46 Garfield Voget in seiner Räucherei in Hubbard (Oregon), ca. 1955

Waldersee“ fuhren sie als Zwischendeckspassagiere von Hamburg nach New York.

Garfield Voget ging nach Oregon, schlug sich dort als Arbeiter auf Farmen, bei einem Sägewerk und einer Meierei durch. 1921 kaufte er mit seiner Frau Rosa, die er 1908 geheiratet hatte, eine Molkerei in Hubbard (Oregon). 1940 erweiterten sie die Produktion um Tiefkühlkost (Fleisch), und drei Jahre später gaben sie die Milchverarbeitung auf. Schrittweise bauten sie zielstrebig ihr Unternehmen zu einem Spezialgeschäft für geräucherte Fleischwaren aus, erweiterten die Betriebsgebäude und erhielten zahlreiche Auszeichnungen für ihre Waren, insbesondere für die nach traditioneller Holsteiner Art geräucherten Schinken. Das mittelständische Unternehmen, immer noch in Familienbesitz, hat heute Kunden in allen Teilen der USA, „Voget Meats“ ist ein Qualitätsbegriff für geräucherte Fleisch- und Wurstwaren.

Garfield Voget, der 1971 starb, war in Hubbard eine angesehene Persönlichkeit und Bürgermeister der Kleinstadt von 1927 bis 1947.

Das Erbe der Auswanderer in den USA

Der Fleiß, die Kenntnisse und die Fähigkeiten der deutschen Einwanderer waren in den USA anerkannt, wenn auch ihr Lebensstil anfangs auf Missfallen stieß. Die deutschen Einwanderer trafen sich in „beer halls" (Gaststätten) oder „beer gardens" (Biergärten), feierten lauthals bei Bier und Blasmusik oder ließen „Wein, Weib und Gesang" hoch leben. Diese sonntäglichen, jedermann zugänglichen Vergnügen, zu denen sie mit „Kind und Kegel" kamen, verletzten nach der Auffassung vieler Angloamerikaner die Sonntagsheiligung. Doch der Einfluss deutscher Einwanderer in vielen Bereichen des gesellschaftlichen, politischen und kulturellen Lebens, von Technik und Wirtschaft, Kunst und Kultur war unbestritten – bis zum Ersten Weltkrieg.

Am 4. April 1918 zog eine Horde von Grubenarbeitern von Maryville (Illinois) nach Collinsville vor das Haus ihres „Kollegen" Robert Paul Prager, zerrten ihn auf die Straße zu einem „Verhör" und erhängten ihn schließlich an einem Baum am Stadtrand. Pragers Tod war der Höhepunkt nach einem Jahr der Diskriminierung und Verfolgung der Deutschamerikaner, die der Kriegserklärung der USA vom 4. April 1917 an das Deutsche Reich folgten. Alles, was deutsch war, wurde verbannt und ausgelöscht, der Gebrauch der deutschen Sprache in einigen Bundesstaaten sogar per Gesetz untersagt, wie z. B. in Iowa durch die „Babel Proclamation" von Gouverneur William L. Harding vom 23. Mai 1918. Deutschsprachige Schulbücher wurden verboten, Lehrer für den Deutschunterricht entlassen. Im Mai 1918 verbrannten Schüler verschiedener Schulen in Davenport (Iowa) unter Absingen patriotischer Lieder über 500 deutschsprachige Schulbücher. Deutschamerikaner mussten auf offener Straße die Fahne der USA küssen, in Pittsburgh durfte Beethovens Musik nicht mehr erklingen, der in Deutschland geborene Dirigent des Boston Symphony Orchestra war seines Lebens nicht mehr sicher, deutschsprachige Zeitungen stellten ihr Erscheinen ein, deutsche Denkmäler wurden zerstört, Geschäfte deutschamerikanischer Besitzer mit Farbe beschmiert, in Hamburg (Iowa) wurden die Fenster der Lutherischen Kirche eingeworfen, im Kircheninnern gelbe Farbe ausgeschüttet, Orte umbenannt, wie z. B. in Iowa Berlin Township (Clinton County) in Hughes, Germania (Kossuth County) in Lakota oder Germantown (Nebraska) in Garland. In Scott County (Iowa) wurden fünf Farmerfrauen verhaftet und zu einer Geldstrafe von je $ 225 verurteilt, weil sie sich am Telefon in deutscher Sprache unterhalten hatten. In den Restaurants gab es jetzt „liberty steak" statt „Hamburger" und Sauerkraut hieß nunmehr „liberty cabbage". Hunderte von deutschstämmigen US-Bürgern ließen ihre Familiennamen amerikanisieren. In einigen Gegenden sprachen die Deutschamerikaner, die kein Englisch konnten, in der Öffentlichkeit nur noch Plattdeutsch, um nicht auf Grund ihrer mangelnden Sprachkenntnisse aufzufallen.

Abb. 47 Mitglieder des Föhrer und Amrumer Kranken Unterstützungs Vereins in New York, 2008 (v. li. n. re.): Carola King, Christine Torrellas und Tochter Katie Torrellas in Föhrer Festtracht. Mit freundlicher Genehmigung von Carola King, New York

Das deutsche Erbe in den USA hatte nicht nur einen schweren Schlag erlitten, sondern erlebte einen allgemeinen Niedergang, von dem es sich nicht mehr erholen sollte. Eine schnelle Assimilation an die US-amerikanische Gesellschaft war fortan das Ziel, die deutschen Wurzeln wurden vielfach verleugnet, aus ausgewanderten Deutschen oder deren Nachkommen wurden patriotische Amerikaner.

Zwar war nach dem Ersten Weltkrieg eine zögerliche Verbesserung der Situation hier und da zu spüren, doch der Nationalsozialismus mit seiner Gewaltherrschaft und der Zweite Weltkrieg ließen die letzten verbliebenen Reste deutschamerikanischer Kultur verschwinden. Erst von den späten 1960er Jahren an begann eine zaghafte Renaissance kultureller deutscher Überlieferung, die sich seither verstärkte. Es ist heute meist das Interesse an der Herkunft der Familie und der Vorfahren, das Menschen deutschen Ursprungs häufig im ländlichen Raum zusammenführt oder Orte sich auf die deutschen Wurzeln ihrer Gründung und Geschichte besinnen lässt.

Ein Beispiel ununterbrochener schleswig-holsteinischer und nordfriesischer Vereinstätigkeit ist der **„Föhrer und Amrumer Kranken Unterstützungs Verein“** in New York. Ihn gründeten am 4. März 1884 sieben Föhrer im „Jappen Bros. Saloon“ in Brooklyn, der den fünf aus Toftum auf Föhr stammenden Brüdern Otto, Christian, George, Johannes und Riewert Jappen gehörenden Gaststätte. Die höchste Mitgliederzahl des Vereins lag einst bei 600 Personen, heute zählt der Verein ca. 350 Mitglieder. Im Mai 1937 wurde von 56 Frauen der „Damen Verein“ gegründet, dessen Mitglieder auch heute noch zu besonderen Gelegenheiten die überlieferte Tracht ihrer nordfriesischen Inseln tragen.

Über viele Jahre traf man sich in wechselnden Lokalitäten in Brooklyn, später in Manhattan, seit Ende der 1950er Jahre im „Plattdeutschen Park-Restaurant" in Franklin Square. Im Juni 1956 unternahm der Verein mit 75 Mitgliedern eine Deutschlandreise, die auch nach Schleswig-Holstein auf die Nordseeinseln führte. Heutzutage wird die allgemeine Geselligkeit gepflegt und jedes Jahr ein großer Ball veranstaltet, doch auch der im Vereinsnamen genannte Hauptzweck nicht vernachlässigt: Hilfe für kranke und in Not geratene Mitglieder. Der Verein beteiligt sich außerdem an den Festen des Plattdeutschen Volksfest Vereins und der alljährlichen Steuben-Parade in New York.

Ebenfalls mannigfache Wurzeln und heute noch intensive Bindungen nach Föhr hat die **Petaluma Lodge No. 26** des **Order of the Herman Sons** (Orden der Hermann-Söhne). Die erste Loge des Ordens wurde 1840 in New York von Amerikanern deutscher Abstammung gegründet, die erste Loge in Kalifornien im Jahre 1870 in San Francisco. Zweck der nach Hermann dem Cherusker benannten Vereinigung ist die Pflege der deutschen Sprache, die Aufrechterhaltung deutscher Kultur und Sitten sowie die Hilfe für andere Mitglieder.

In Petaluma (Kalifornien), das ein Siedlungsschwerpunkt Föhrer Einwanderer war, gründeten am 15. September 1901 mehrere deutschstämmige Einwohner die Loge No. 26. Mit der Zahl der deutschen Einwanderer stieg auch die Mitgliederzahl, so dass es immer schwieriger wurde, einen großen Versammlungsraum zu finden. Daher entschloss man sich zum Bau einer eigenen zweistöckigen Versammlungshalle, die im Februar 1933 eröffnet wurde. Nach den beiden Weltkriegen sank zwar die Zahl der Mitglieder, doch blieb die Loge, die heute wieder über 100 Mitglieder hat, bestehen. Sie treffen sich an jedem ersten und dritten Dienstag eines Monats in der „Hermann Sons Hall" in der Western Avenue 860, wo 1979 auch ein kleines Ordensmuseum eingerichtet wurde. Bei den Versammlungen, Fahrten und Festen wird heute noch deutsch gesprochen, nur Mitglieder ohne Kenntnisse der deutschen Sprache bedienen sich des Englischen.

Zwei Farmen schleswig-holsteinischer Auswanderer sind heute viel und gern besuchte Freilichtmuseen.

Der 1839 in Wesselburen (Dithmarschen) geborene Johan Claus Carstens war 1862 nach Amerika gekommen und hatte zunächst in seinem Beruf als Maurer in Milwaukee und Davenport gearbeitet. 1871 kaufte er von seinem inzwischen angesparten Geld ein Stück Land von 160 acres für 1.760 US-Dollar in Pottawattamie County (Iowa), ein Jahr später heiratete er die 1853 in Kiel geborene Elizabeth (Lizzie) Joenk. Sie erwarben später die heute in Shelby (Iowa) beheimatete Farm, die 1976 mit allen Gebäuden, Fahrzeugen und Einrichtungsgegenständen nach der testamentarischen Bestimmung des Sohnes Henry auf die Historical Society of Pottawattamie County und später in eine von der Gesellschaft betreute Stiftung überging. 1979 wurde die Carstens-Farm in das National Register of Historic Places eingetragen. Die **„Carstens 1880 Farmstead"** wird heute als „living history"-Museum betrieben. Jährlich am ersten Wochenende nach Labor Day (1. Mai) werden dort die „Carstens Farm Days" mit zahlreichen Vorführungen alter landwirtschaftlicher Geräte, Maschinen und Arbeitstechniken veranstaltet.

1848 – zur Zeit des Goldfiebers in Kalifornien – kam der Sylter Kapitän Cornelius Boy Jensen mit seinem Schiff auf der Fahrt von Hamburg in der Bucht von San Francisco an. Als seine Mannschaft „Gold!" hörte, verließ sie das Schiff, um ihr Glück in den Goldfeldern Kaliforniens zu suchen. Cornelius Jensen, der seine Fahrt nun nicht mehr fortsetzen konnte, blieb an Land, eröffnete bei Sacramento einen Laden und verkaufte dort zunächst die Fracht von seinem Schiff. 1854 heiratete der 40-Jährige die 17-jährige Mercedes Alvarado, einen Abkömmling einer alten spanisch-kalifornischen Pionierfamilie. Die Jensens kaufen 1865 eine weitläufige Farm in Roubidoux, wo sie Schafzucht und Weinbau betrieben, eine Orangen- und Aprikosenplantage anlegten und gehörten sehr bald zu den reichsten Familien in San Bernadino County. Die im heutigen Riverside County zwischen Los Angeles und Palm Springs liegende, im National Register of Historic Places eingetragene **„Jensen-Alvarado Historic Ranch"** wird heute von der Riverside County Parks-Verwaltung als Museum genutzt. Von Zeit zu Zeit werden dort „living history days" mit überlieferten Haushalts-, Koch- und Backrezepten veranstaltet, Schulklassen über naturgemäße Bodennutzung informiert.

Von den vielen von schleswig-holsteinischen Auswanderern einst gegründeten Liedertafeln und -kränzen, Gesangvereinen und Chören hat die Zeiten bis heute nur der **„Schleswig-Holsteiner Sängerbund"** in Chicago überdauert. Eine Gruppe von Männern des 1867 gegründeten Schleswig-Holsteiner Unterstützungsvereins in Chicago fand sich 1882 zu einem Chor zusammen, um das deutsche Liedgut im gemeinsamen Gesang zu pflegen. Der Sängerbund beteiligte sich an zahlreichen Vereinsfahrten und Gesangsveranstaltungen in Chicago und im Mittleren Westen der USA, er unternahm wiederholt Reisen nach Deutschland mit Besuchen in Schleswig-Holstein, zuletzt im Jahre 2003. Mehrfach spendete der Sängerbund auch Beträge für Denkmäler in Schleswig-Holstein, so für das Landesdenkmal auf der Dusenddüwelswarf bei Hemmingstedt, das Klaus-Groth-Denkmal in Kiel und das Grabmal von Johann Meyer auf dem Südfriedhof in Kiel. Seit 1988 trifft sich der Sängerbund zu seinen Chor- und Übungsabenden mit dem „Schwaebischen Saengerbund" im Haus der „Danube Swabians" in Des Plaines in Chicago.

Die seit 1862 bis heute bestehende **Davenport Shooting Association**, die ihren Namen nach dem Ersten Weltkrieg amerikanisierte, musste den 1870 von ihr aufgebauten **Schützenpark** in Davenport aus finanziellen Gründen 1923 verkaufen – für ihre Schießübungen erwarb sie später ein Gelände bei Princeton im benachbarten Scott County.

Abb. 48 Abzeichen (Logo) der Davenport Shooting Association (Davenport Schützen Verein). Der am 11. August 1862 gegründete Schützenverein ist der einzige heute noch bestehende Verein von mehreren einst in und im Umkreis von Davenport von deutschen Einwanderern in der zweiten Hälfte des 19. Jahrhunderts gegründeten Schützenvereinen. Der Verein trägt seit 1863 alljährlich im Herbst ein Königsschießen aus.

Das weitläufige Gelände des Schützenparks, inzwischen für soziale Zwecke genutzt, wurde 1999 unter Naturschutz gestellt, als Erholungsgelände neu gestaltet und ist jetzt als „Schuetzen Park Historic Site“ für die Öffentlichkeit von Mai bis November zugänglich. Die Betreuung des Geländes liegt heute in Händen der Schützenpark-Gilde.

Die kulturelle Überlieferung des alten Schützenparks lebte inzwischen wieder auf mit Volksläufen nach deutschem Vorbild, mit Musikaufführungen und Ausstellungen verschiedener Art. Viele örtliche Gruppen nutzen außerdem das Gelände für eigene Veranstaltungen oder Projekttage im Rahmen des Natur- und Umweltschutzes.

„An Januar 8, 1989, een Gruup von Lüd de intereseert warn dat Andenken vun Schleswig-Holstein in die United States uprecht to holn, grundet de **American Schleswig-Holstein Heritage Society**. Um dat to doon, ASHHS helps in de Uttusch von Kultur, unnersoch wo de Familien herkom sund und holp mit de Ahnen Forschung (de erste stun kost nix for die Lud, de tau ASHHS gehort). Um dat torecht to kriegen, die American Schleswig-Holstein Heritage Society holps ok mit de Sprack und die Mundarten von Schleswig-Holstein to leern und organesert ok Vortrage, Bespreckungen

Abb. 49 Abzeichen (Logo) der American Schleswig-Holstein Heritage Society (ASHHS) mit dem Schleswig-Holstein-Wappen in den Umrissen der USA. Mit freundlicher Genehmigung der American Schleswig-Holstein Heritage Society, President Jack F. Schinkel, Walcott (Iowa). ASHHS wurde 1989 gegründet und sieht ihre besondere Aufgabe in der Pflege der Beziehungen mit Schleswig-Holstein.

Abb. 50 Davenport (Iowa), German American Heritage Center (GAHC) in 712 West 2nd Street. Das GAHC wurde 1994 in dem Gebäude des 1868 erbauten Germania House gegründet. Davenport war in den Jahren von 1850 bis 1905 ein wichtiger Ort für die Einwanderer, die den Mittleren Westen der USA besiedelten; ein Großteil von ihnen kam aus Schleswig-Holstein.

und Schoolprogramme." – Hiermit umreißt ASHHS, wie die Organisation heute allgemein genannt wird, ihre Aufgaben und Ziele.

Die Gesellschaft mit ca. 1.000 Mitgliedern in 41 US-Bundesstaaten und Deutschland sieht ihr Hauptbetätigungsfeld in der Hilfe bei der Ahnenfor-

Abb. 51 Manning (Iowa), Heritage Park, „Hausbarn“. Mit freundlicher Genehmigung von David Kusel, Manning. Das Gebäude, ein um 1660 erbautes niederdeutsches Fachhallenhaus aus Klein-Offenseth-Sparrieshoop (Krs. Pinneberg), wurde 1996 dort abgetragen, in die USA transportiert und in den Jahren 1999/2000 in Manning von der Manning Heritage Foundation wieder aufgebaut.

schung ihrer Mitglieder und im Erhalt der plattdeutschen Sprache in den USA. Sie hat ein Amerikanisch-Plattdeutsches Wörterbuch und zwei Kochbücher mit Rezepten aus der „alten Heimat“ herausgegeben, führt in Iowa Plattdeutsch-Kurse durch und veranstaltet alle zwei Jahre im Wechsel zwischen Orten in den USA und Schleswig-Holstein die populärwissenschaftlichen „Plattdeutsch-Konferenzen“. Alle zwei Monate erscheint der 16seitige „ASHHS-Newsletter“ mit Beiträgen aus und über Schleswig-Holstein, Anfragen zur Familienforschung und plattdeutschen Geschichten oder den Lernbeispielen „wi snackt platt“.

In Davenport (Iowa) wurde 1994 das **German American Heritage Center** von Amerikanern deutscher Abstammung ins Leben gerufen. Ziel der Gesellschaft ist, den Anteil und das Verdienst deutscher Einwanderer an der Entwicklung der Region darzustellen, als kulturelles Zentrum für den Mittleren Westen ein Einwanderermuseum mit Ausstellungsräumen, Archiv, Bücherei und Veranstaltungen zu schaffen. Die Lage des Ortes am Mississippi und das Bauwerk heben die historische Verbindung mit dem Leben der frühen Auswanderer hervor. In dem 1868 erbauten „Germania Haus“ oder „Standard Hotel“ an der Gaines Street fanden einst viele Einwanderer nach ihrer Ankunft in Davenport eine erste Unterkunft, bevor sie weiter nach Westen reisten. 1995 erwarb die Gesellschaft das damals heruntergekommene Gebäude, das 1983 in das National Register of Historic Places eingetragen war, und begann mit der Restaurierung. Die Gesamtkosten des Projektes werden auf ca. zwei Millionen US-Dollar geschätzt und ausschließlich aus Mitgliedsbeiträgen und großzügigen Spendengeldern gedeckt. Bereit 2000 wurde die erste Ausstellung eröffnet, der inzwischen weitere folgten.

Zu den Orten in Iowa mit einer intensiven schleswig-holsteinischen Vergangenheit gehört **Manning** in dem stark deutsch geprägten Carroll County. In dem 1881 gegründeten Ort siedelten sich hauptsächlich Einwanderer aus Schleswig-Holstein und Hannover an. Manning hatte zahlreiche deutsch geprägte Vereine, wie z. B. das 1882 gegründete Blasorchester, die 1888 gegründete Ladie's Band, den Schützenverein, den Manning-Turnverein, den Soldaten- und Kriegerverein, in dem nur Mitglied werden konnte, wer in der preußischen Armee seinen Wehrdienst geleistet hatte, die Goethe-Loge No. 9 des Ordens der Hermann-Söhne. Von 1894 bis zum Ersten Weltkrieg erschien in Manning die deutschsprachige Zeitung „Der Manning Herold" und bis zu Beginn der 1960er Jahre wurde in Manning in der ersten Juni-Woche das „Kinderfest" nach deutschem Vorbild mit einem Umzug durch den Ort begangen; bis zu 1.000 Kinder aus dem Carroll County nahmen daran teil.

Um das kulturelle Erbe der schleswig-holsteinischen Einwanderer zu bewahren, wurde vor ca. 30 Jahren die Manning Heritage Foundation gegründet, die in den vergangenen Jahren den Heritage Park anlegte – ein Freilichtmuseum besonderer Art. Drei Gebäude bilden die besonderen Anziehungspunkte: die Leet/Hassler Farmstead der frühen 1910er Jahre mit Wohnhaus und mehreren Wirtschaftsgebäuden, die von schleswig-holsteinischen Auswanderern bzw. ihren Nachkommen 1910 erbaute Trinity Lutheran Church, die im Juni 2006 von ihrem ursprünglichen Standort in Lincoln Township über neun Meilen auf einem 60rädrigen Tieflader hierher umgesetzt wurde, und die **German Hausbarn.**

Diese „Hausbarn" ist ein um 1660 erbautes niederdeutsches Fachhallenhaus aus Klein-Offenseth-Sparrieshoop (Kreis Pinneberg), das dort 1996 abgebaut, in die USA transportiert und in Manning ab 1999 wieder aufgebaut wurde. Am 13. August 2000 war es fertiggestellt und wurde mit einem großen Volksfest eingeweiht. Dieses schleswig-holsteinische Bauernhaus ist heute das älteste Bauwerk in den USA.

Ein zweites Bauernhaus aus Schleswig-Holstein hat ebenfalls in Iowa eine neue Heimstatt gefunden. Das uthlandfriesische Haus Moritzen von 1727 aus Niebüll (Kreis Nordfriesland) wurde dort 2007 abgebaut, über den Atlantik transportiert und ab 2008 in **DeWitt** (Iowa) aufgebaut, wo es im Lincoln's Park, dem Stadtpark, einen neuen Anziehungspunkt bildet.

In beiden Fällen waren schleswig-holsteinische Handwerker an dem Wiederaufbau der reetgedeckten Gebäude beteiligt. Ein drittes schleswigholsteinisches Haus, ein Bordesholmer Haus von 1864, wird vielleicht auch noch nach Iowa „auswandern" – und einen neuen Platz im Schützenpark in Davenport finden.

Museen, Erlebnisstätten und Sammlungen

Dem Beginn des Traumes vom Leben in Amerika gehen zwei Stätten eines neuen Museumstypus an authentischen Orten in Bremerhaven und Hamburg nach.

Das **„Deutsche Auswandererhaus"** in Bremerhaven, mit dem Europäischen Museumspreis 2007 ausgezeichnet, steht am Kai des Neuen Hafens nahe der Weser an jener Stelle, von wo aus einst Tausende die Schiffspassage in die USA antraten. Das im August 2005 eröffnete Erlebnismuseum vermittelt mit Bildern, Objekten, Faksimiles, Nachbauten und multimedialen Inszenierungen die Geschichte der Auswanderung vom Abschied von der Heimat bis zur Ankunft in Übersee.

Die realitätsnahe Präsentation umfasst ein Stück Hafenpier mit einer Gruppe ängstlich wartender Passagiere vor der haushohen Bordwand eines Überseedampfers. Über eine Gangway geht es „an Bord", wo der Besucher originalgetreu nachgebaute Innenräume eines Schiffes, wie z. B. den Schlafraum eines Zwischendecks oder den Speisesaal mit langen Tischen und Bänken, erlebt. Ein kahler weiß-gelb getünchter Gang führt zu den „Käfigen" der Quarantänestation am Ankunftsort Ellis Island, eine Wand voller Gepäckstücke – Kisten, Kasten, Koffer – ist der Hinweis auf das wenige von den Auswanderern mitgenommene Hab und Gut.

In der „Galerie der 7 Millionen" kann der Besucher den Biografien der Auswanderer nachspüren, im „Forum Migration" in genealogischen Datenbanken nach ausgewanderten Vorfahren suchen.

Am ursprünglichen Standort der 55.000 m² großen Auswandererstadt in Hamburg auf der Elbinsel Veddel öffnete am 4. Juli 2007 die **„BallinStadt Auswandererwelt"** ihre Tore. In drei rekonstruierten u-förmigen Pavillons kann der Besucher die Reise der Auswanderer in allen Phasen vom Aufbruch über die Überfahrt bis zur Ankunft in New York nacherleben. Ein Teilstück eines gewaltigen Schiffsrumpfs in der Mitte des Erlebnismuseums deutet die oft wochenlange Atlantiküberquerung an. Historische Exponate und detailgetreu angefertigte Kulissen sind mit individuell steuerbaren Video- und Audioelementen verknüpft. In dem erhaltenen Pavillon 13/14 waren Schlafräume und Speisesäle untergebracht, die heute mit originalgetreu angefertigtem Mobiliar ausgestattet sind.

An Computer-Arbeitsplätzen kann sich der Besucher auf die Suche nach der Auswanderungsgeschichte seiner Vorfahren machen; Grundlage sind die vollständig eingearbeiteten Passagierlisten von Hamburg der Jahre 1850 bis 1934. Die wohl schönste Anreise nach BallinStadt ist mit der Barkasse von den Landungsbrücken direkt zum Anleger des Museums.

Kleinere Ausstellungen zur norddeutschen Auswanderergeschichte gibt es in

- Cuxhaven, Steubenhöft & HAPAG-Hallen
  Die historische, weltweit einzige erhaltene Passagierabfertigungsanlage mit dem glanzvollen Kuppelsaal – einst Wartesaal der Passagiere der 1. Klasse – wurde 1900–02, 1911–13 und 1953–54 errichtet und war bis 1968 für den Linienverkehr nach Nordamerika in Betrieb. Die Ausstellung „Abschied nach Amerika“ vermittelt auch heute noch etwas von der Atmosphäre von Abschied und Aufbruch in eine häufig ungewisse Zukunft.
- Husum, Nordseemuseum – Nissenhaus
- Glaisin (Stadt Ludwigslust), Johannes-Gillhoff-Stuv
- Lunden, NaTour Centrum – Heimatmuseum.

Abb. 52 Bremerhaven, Deutsches Auswandererhaus, Columbusstr. 65, am Neuen Hafen, Ansicht. Mit freundlicher Genehmigung des Deutschen Auswandererhauses, Bremerhaven. Das im August 2005 eröffnete Deutsche Auswandererhaus ist heute das größte europäische Erlebnismuseum zum Thema Auswanderung. Es erhielt 2007 den „European Museum of the Year Award“, die bedeutendste Auszeichnung der europäischen Museumslandschaft.

Abb. 53 Hamburg, BallinStadt, Pavillon. Mit freundlicher Genehmigung der BallinStadt Auswandererwelt, Hamburg. Die Ausstellung „Auswandererwelt" erzählt in mehreren Phasen vom Aufbruch und der Überfahrt bis zur Ankunft in New York mit originalgetreuen Nachbauten, Dokumenten, Filmbeiträgen und Hörbeispielen die bewegende Geschichte der Menschen, die von Hamburg aus in eine neue Heimat aufbrachen.

Ein besonderes Projekt des Historischen Museums Bremerhaven ist die **„Deutsche Auswanderer-Datenbank"**. Hier werden schrittweise alle verfügbaren Daten zu den europäischen Auswanderern erfasst, die zwischen 1820 und 1939 Europa vornehmlich von deutschen Häfen aus in Richtung USA verlassen haben. Die Grundlage der Datenbank bilden die Passagierlisten der Auswandererschiffe, die den amerikanischen Einwanderungsbehörden vorgelegt werden mussten und die heute nahezu lückenlos in den National Archives in New York und Washington D. C. erhalten sind. Ergänzt werden die Daten durch Informationen zu den Auswanderern aus weiteren Quellen.

Epilog

Die Massenauswanderung in die USA in den vergangenen 200 Jahren ist Teil unserer nationalen Geschichte. Sie beruht weder auf Zufall noch Verhängnis, sondern gründet sich auf der persönlichen Situation und dem Charakter des Einzelnen sowie seiner eigenen Entscheidung, seinem Leben eine Wende zum Besseren zu geben.

Die Auswanderer waren in der überwiegenden Mehrheit keine Landes- oder Heimatvertriebenen, keine Verbannten, keine Exilanten, auch wenn sie in dem Land, das sie verließen, häufig Ungerechtigkeit und viel Unbill erfahren hatten. Die Auswanderer waren keine Gastarbeiter oder Arbeitsmigranten. Ihr Streben galt der Integration im neuen Land.

Die Auswanderer waren in den USA mit einem unterschiedlichen Grad von Anpassungsfähigkeit bereit, sich in ein neues Staatsgefüge einzupassen – was nicht immer problemlos vonstatten ging. Wie schnell, wie umfassend dieser Prozess erfolgte, hing auch von der Bereitschaft des Einzelnen ab. Um sich in der fremden Umgebung entfalten zu können, mussten die Einwanderer sich zunächst einordnen – in das andere Staatswesen, seine Strukturen und Geographie, seine Wirtschaft und Kultur.

Die Auswanderer verließen ein Land, das ihnen Heimat war, in dem sie zu Hause waren – und das bei einem späteren Besuch oder bei (un-)freiwilliger Rückkehr auch nicht mehr so war, wie es in ihnen gelebt hatte. Die Auswanderer schüttelten den Staub des alten Kontinents in Amerika ab, das ihnen Verheißung war und zur neuen Heimstatt wurde. Ein Eiderstedter Auswanderer umschrieb es in seinem Brief vom 2. Dezember 1847 an seine Daheimgebliebenen: „Wer ... sich ernstlich vornimmt, dort in der neuen Welt thätig, erwerbsfleißig, mäßig und sparsam zu seyn, die Europäische Haut abzustreifen und nie wieder in sie hineinzukriechen, der darf hoffen, dort besser als irgendwo sonst sein Glück zu machen". Hätten sich die Einwanderer an die Erinnerung geklammert, wäre ein Weiterleben im neuen Land unmöglich gewesen.

Aus den Schleswig-Holsteinern, den Mecklenburgern und all den Auswanderern aus den anderen deutschen Ländern und Landschaften wurden amerikanische Staatsbürger.

Wenn die Einwanderer auch vielfach einen Zipfel der Verbundenheit mit ihrem Ursprungsland auf nachkommende Generationen vererbten, so gehörten sie doch fortan einem neuen Staatsvolk an, das sie aufgenommen hatte wie viele andere Menschen vor und nach ihnen.

Für den Einwanderer in Amerika gab es keine Selbstschonung, mit der Stunde der Ankunft galt sein Blick nur noch den dortigen Gegebenheiten und Tatsachen, der Zukunft. Der Einwanderer wurde ein Schaffender – Heimweh und Verzweiflung hatten da keinen Platz.

In Schleswig-Holstein hat es in den vergangenen Jahren mannigfache Ansätze von Institutionen und Organisationen gegeben, den vielschichtigen Prozess der Auswanderung im 19. und 20. Jahrhundert regional systematisch zu erfassen und darzustellen, die in den USA wie hier im Lande erschienene Literatur zur Ein- bzw. Auswanderung aufzuspüren und der Forschung zugänglich zu machen, Dokumente und Zeugnisse zu sammeln. Nicht alle Ansätze waren erfolgreich und haben die Zeiten überdauert. Häufig verstaubt das einst mühsam zusammengetragene Material, bestenfalls aufbereitet in Ordnern und Kartons, vielfach blieb es gänzlich unbeachtet. Man kann nicht sagen, dass das Thema in Schleswig-Holstein bereits umfassend und erschöpfend behandelt worden ist.

Erforderlich ist daher ein auf das ganze Land bezogenes, zentrales interdisziplinäres „Schleswig-Holsteinisches Dokumentationszentrum Auswanderung" mit Brückenfunktion in den Bereichen Forschung, Dokumentation, Publikationen, Veranstaltungen und Ausstellungen, so dass auch das über den öffentlichen Archivbestand hinausgehende, bei privaten Personen, Institutionen, Sammlungen und Organisationen vorhandene Quellengut einschließlich Bildmaterial und Literatur auch unter Einsatz digitaler Medien erschlossen und zugänglich gemacht werden kann.

Die bestehenden persönlichen wie institutionellen Beziehungen ermöglichen den Ausbau von Partnerschaften im kulturellen, sozialen, wirtschaftlichen, pädagogischen und wissenschaftlichen Bereich; sie fördern den Austausch von Gedanken, Strukturen und Entwicklungen nicht nur als gelegentliches Moment, sondern als zukunftsorientiertes Element des Zusammenlebens auf beiden Seiten des Atlantischen Ozeans.

Partnerschaften zwischen Schleswig-Holstein und den USA
- Kreis Nordfriesland – Scott County (Iowa), seit November/Dezember 1986
- Stadt Pinneberg – Rockville (Maryland), seit Juli/Oktober 1957
- Eutin – Lawrence (Kansas), seit 1989
- Bredenbek (Kreis Rendsburg-Eckernförde) – Walcott (Iowa), seit März 1997
- Schönberg sowie Amt Probstei mit 17 Gemeinden – Eldridge (Iowa), seit Juni 2000
- Bredstedt (Kreis Nordfriesland) – DeWitt (Iowa), seit Oktober 2000/Januar 2001
- Erfde (Kreis Schleswig-Flensburg) – Clinton (Iowa), seit Juli/August 2009

zwischen Mecklenburg-Vorpommern und den USA
- Mecklenburg-Vorpommern – Mecklenburg County (North Carolina), seit Januar 1994
- Schwerin – Milwaukee, seit 1992
- Crivitz – Crivitz (Wisconsin), seit Juni 2001
- Rostock – Raleigh (North Carolina), seit Juli 2001
- Ludwigslust – Muscatine (Iowa), seit Dezember 2004
- Greifswald – Newport News (Virginia), seit Oktober 2007

Literatur-Auswahl

Adams, Willi Paul, Deutsche im Schmelztiegel der USA: Erfahrungen im größten Einwanderungsland der Europäer, hrsg. von der Senatsverwaltung für Gesundheit und Soziales – Ausländerbeauftragte, Berlin 1990

Adams, Willi Paul u.a. (Hrsg.), Länderbericht USA, 2 Bde, Bonn 1992 (Bundeszentrale für politische Bildung Schriftenreihe Bd. 293/I + II)

Andersen, Holger (Hrsg.), Idstedt und danach. Schleswig-Holsteiner in den USA, Plön 1987

Bartlett, Richard A./Goetzmann, William H., Exploring the American West 1803–1879, Washington D.C. 1982 (National Park Handbook 116)

Berlin, Jörg/Schmoock, Matthias, Auswandererhafen Hamburg Emigration Port, 2. Aufl. Hamburg 2003

Bretting, Agnes/Bickelmann, Hartmut, Auswanderungsagenturen und Auswanderungsvereine im 19. und 20. Jahrhundert, Stuttgart 1991 (Von Deutschland nach Amerika. Zur Sozialgeschichte der Auswanderung im 19. und 20. Jahrhundert Bd. 4)

Buchloh, Paul G./Dix, Brigitte/Timm, Eitel (Hrsg.), Die vergessenen Deutschen. Schleswig-Holsteiner in Nordamerika, Kiel 1983 (Kieler Beiträge zur Erweiterung der Englischen Philologie Bd. 3)

Deutsches Auswandererhaus Bremerhaven, Das Tor zur Neuen Welt, Bremerhaven 2006

Diekmann, Heiko, Lockruf der Neuen Welt – deutschsprachige Werbeschriften für die Auswanderung nach Nordamerika von 1680 bis 1760, Göttingen 2005

Dix, Brigitte/Timm, Eitel (Hrsg.), Schleswig-Holstein/Nordamerika. Versuche eines interdisziplinären Ansatzes, Kiel 1982 (Kieler Beiträge zur Erweiterung der Englischen Philologie Bd. 1)

Eiboeck, Joseph, Die Deutschen von Iowa und deren Errungenschaften, Des Moines 1900

Engelsing, Rolf, Bremen als Auswandererhafen 1683–1880, Bremen 1961 (Veröffentlichungen aus dem Staatsarchiv der Freien Hansestadt Bremen H. 29)

Freund, Alexander, Aufbrüche nach dem Zusammenbruch. Die deutsche Nordamerika-Auswanderung nach dem Zweiten Weltkrieg, Osnabrück 2004 (Studien zur historischen Migrationsforschung Bd. 12)

Grill, Larry, Schleswig in Iowa, Schleswig/IA 1999

von Hagen, Victor Wolfgang, Der Ruf der Neuen Welt: Deutsche bauen Amerika, München/Zürich 1970

Hagenah, Gerd, Die frühe schleswig-holsteinische Auswanderung in die USA 1835-1860, Bad Segeberg 2003

Hamm, Margot/Henker, Michael/Brockhoff, Evamaria (Hrsg.), Good Bye Bayern – Grüß Gott America. Auswanderung aus Bayern nach Amerika seit 1683 (Ausstellungskatalog), Darmstadt 2004 (Veröffentlichungen zur Bayerischen Geschichte und Kultur Bd. 48/04)

Hansen, Hans, Kropp und die Welt. Streiflichter aus dem Leben und Wirken von Johannes Paulsen (1847–1916), Kropp (1999)

Hansen-Rollfing, Louisa Christina, Lebenserinnerungen einer Auswanderin, Heide 1982

Heick, Otto, Deutsche Pastoren aus den Predigerseminaren des „Martineums" in Breklum und „Eben-Ezers" in Kropp, Breklum 1978

Helbich, Wolfgang J., „Alle Menschen sind dort gleich ..." Die deutsche Amerika-Auswanderung im 19. und 20. Jahrhundert, Düsseldorf 1988 (Historisches Seminar Bd. 10)

Holstein's Women Club (Hrsg.), History of Holstein 1883–1961. Holstein/IA 1961

Institute for Migration and Ancestral Research e.V. (Hrsg.), Von Mecklenburg in die Welt. Emigration im 19. Jahrhundert, Rostock 2002 (CD-ROM)
Kort, Pamela/Hollein, Max (Hrsg.), I like America. Fiktionen des Wilden Westens (Ausstellungskatalog), München 2006
Larsen, Birgit Flemming/Bender, Henning (Hrsg.), Danish Emigration to the U.S.A. Published by the Danes Worldwide Archives in collaboration with the Danish Society for Emigration History, Aalborg 1992
Lubinski, Axel, Entlassen aus dem Untertanenverband. Die Amerika-Auswanderung aus Mecklenburg-Strelitz im 19. Jahrhundert, Osnabrück 1997 (Studien zur historischen Migrationsforschung Bd. 3)
Marne Historical Committee (Hrsg.), Marne, Iowa. The First Century: a history of Marne, Iowa 1875–1975, Marne/IA 1975
Pauseback, Paul-Heinz, Der Aufbruch in eine „Neue Welt". Die Auswanderung aus den schleswig-holsteinischen Kreisen Husum, Eiderstedt und Tondern in die Vereinigten Staaten in königlich-preußischer Zeit (1867–1914), Bredstedt 1995
Pauseback, Paul-Heinz, Übersee-Auswanderer aus Schleswig-Holstein, Bredstedt/Husum 2000 (Schriften des Nordfriesischen Museums Ludwig-Nissen-Haus, Nr. 49)
Pörksen, Martin, Pastoren für Amerika. Aus der Geschichte des Breklumer Martineums, Breklum 1980
Reinbeck.Iowa.Centennial 1876–1976, Reinbeck/IA 1976
Reiter, Herbert, Politisches Asyl im 19. Jahrhundert. Die deutschen politischen Flüchtlinge des Vormärz und der Revolution von 1848/49 in Europa und den USA, Berlin 1992 (Historische Forschungen Bd. 47)
Ruether, Urban „Chick", Dutzow. A Place of Dreams, Dutzow/MO 2003
Scott County Heritage Book Committee (Hrsg.), Scott County Heritage Book, Dallas/TX 1991
Seidel, Brigitta: Aufbruch. Pellwormer in der Fremde – Fremde auf Pellworm (Ausstellungskatalog), Pellworm 1998 (Schriften des Nordfriesischen Museums Ludwig-Nissen-Haus Husum Bd. 45)
Sievers, Kai Detlev, Die deutsche und skandinavische Amerikaauswanderung im 19. und 20. Jahrhundert, Neumünster 1981 (Studien zur Wirtschafts- und Sozialgeschichte Schleswig-Holsteins Bd. 3)
Steensen, Thomas/Pauseback, Paul-Heinz (Hrsg.), AMERIFRISICA. Übersee-Auswanderung aus den drei Frieslanden und benachbarten Ländern, Bredstedt 1996
Stolley, William, History of the First Settlement of Hall County Nebraska. Grand Island/NE 1946
Stolz, Gerd, Gustav Dethlef Hinrichs. Ein Naturforscher von Weltruf aus Dithmarschen, 1836–1923, Lunden 1998
Stolz, Gerd, W. H. D. Koerner. Der Maler des „Wilden Westens" aus Dithmarschen, Husum 2003
Stolz, Gerd, Das Leben der Margarethe Meyer Schurz. Wegbereiterin des Kindergartens in den USA, Husum 2007
Trommler, Frank (Hrsg.), Amerika und die Deutschen, Opladen 1986
Ueberhorst, Horst, Turner unterm Sternenbanner. Der Kampf der deutschamerikanischen Turner für Einheit, Freiheit und soziale Gerechtigkeit, München 1978
Werz, Nikolaus/Nuthmann, Reinhard (Hrsg.), Abwanderung und Migration in Mecklenburg und Vorpommern, Wiesbaden 2004
Wittke, Carl Frederick, The German-Language Press in America, Louisville/KY 1957
Wulff, Eugene C., The New Holstein Story, New Holstein/WI 1986

Washington
Montana
North Dakota
Oregon
Idaho
South Dakota
Wyoming
Nevada
Nebraska
Utah
Colorado
California
Kansas
Oklahom
Arizona
New Mexico
Texas
Alaska
Hawaii